# 독자의 1초를
# 아껴주는 정성을
# 만나보세요!

세상이 아무리 바쁘게 돌아가더라도 책까지 아무렇게나 빨리 만들 수는 없습니다.

인스턴트 식품 같은 책보다 오래 익힌 술이나 장맛이 밴 책을 만들고 싶습니다.

땀 흘리며 일하는 당신을 위해 한 권 한 권 마음을 다해 만들겠습니다.

마지막 페이지에서 만날 새로운 당신을 위해 더 나은 길을 준비하겠습니다.

# 인프라
# 엔지니어의
# 교과서

사노 유타카 지음 | 김성재 옮김

길벗

# 인프라 엔지니어의 교과서

The Text Book of The Infrastructure Engineer

**초판 발행** · 2014년 6월 20일
**초판 7쇄 발행** · 2022년 12월 5일

**지은이** · 사노 유타카
**옮긴이** · 김성재
**발행인** · 이종원
**발행처** · (주)도서출판 길벗
**출판사 등록일** · 1990년 12월 24일
**주소** · 서울시 마포구 월드컵로 10길 56(서교동)
**대표 전화** · 02)332-0931 | **팩스** · 02)323-0586
**홈페이지** · www.gilbut.co.kr | **이메일** · gilbut@gilbut.co.kr

**기획 및 책임편집** · 서형철(hachi74@gilbut.co.kr) | **디자인** · 박상희 | **제작** · 이준호, 손일순, 이진혁
**마케팅** · 전선하, 차명환, 박민영 | **영업관리** · 김명자 | **독자지원** · 윤정아, 정금주

**전산편집** · 남은순 | **CTP 출력 및 인쇄** · 북토리 | **제본** · 신정문화사

▶ 잘못된 책은 구입한 서점에서 바꿔 드립니다.
▶ 이 책에 실린 모든 내용, 디자인, 이미지, 편집 구성의 저작권은 (주)도서출판 길벗과 지은이에게 있습니다.
   허락 없이 복제하거나 다른 매체에 옮겨 실을 수 없습니다.

**ISBN** 978-89-6618-760-7 93000

(길벗 도서번호 006722)

정가 13,800원

**독자의 1초를 아껴주는 정성 길벗출판사**

**(주)도서출판 길벗** | IT교육서, IT단행본, 경제실용서, 어학&실용서, 인문교양서, 자녀교육서 www.gilbut.co.kr
**길벗스쿨** | 국어학습, 수학학습, 어린이교양, 주니어 어학학습, 학습단행본 www.gilbutschool.co.kr

**페이스북** · www.facebook.com/gbitbook

인프라 엔지니어의 역할은 정보화 사회의 고도화된 IT 인프라를 지탱하는 일이다. 이제 현대 사회는 IT 인프라 없이 성립되지 않는다고 해도 과언이 아니지만, 일반적으로 IT 인프라가 인프라 엔지니어의 손에 의해서 어떻게 구축되고 운영되는지 보이지 않기 때문에 외부에서 알기란 좀처럼 쉽지 않다.

이 책은 인프라 엔지니어가 하고 있는 업무의 내용을 현역 인프라 엔지니어의 시점에서 정리한 책이다. 따라서 단순한 용어 설명에 그치지 않고 일상 업무에서 느낀 점이나 노하우를 곳곳에 새겨 놓았다. 이 책을 다 읽고 나면 IT 인프라에 관해 어느 정도 이해할 수 있을 것이다. 그리고 이 책에서 설명한 내용은 우리 부서에 배속된 신입사원이 꼭 알아두었으면 하는 관점에서 선정했다. 오래 전의 낡은 기술부터 최신 기술까지 골고루 담았으므로 신입사원 교육에도 사용할 수 있을 것이다.

또한 이 책에서는 인프라 엔지니어의 가장 중요한 역할을 '잇달아 발생하는 의사 결정 상황에서 그때마다 많은 선택지 중 최적의 해결책을 빠르게 선택해내는 것'이라고 일관되게 주장한다. 각 장에서 다양한 선택지를 명시하고, 그 중에서 최적의 해결책을 고르는 방법에 대해 나의 의견을 기술했다. 이 의견은 인프라 엔지니어 세계에 흥미가 있는 사람뿐 아니라 현역 인프라 엔지니어도 참고할 수 있을 것이다.

## 이 책의 대상 독자

- IT 인프라 세계에 흥미가 있는 분
- 새롭게 인프라 엔지니어 세계로 뛰어드는 분
- 현역 인프라 엔지니어
- 웹 디렉터
- 기업이나 지방 자치단체 등의 정보 시스템 담당자

나는 대기업의 IT 인프라 운영 현장에서 시스템 운영 수습 사원을 거쳐서 2,000년부터 LINE 주식회사의 창업 멤버로 참여했으며, 주로 인프라 엔지니어로서의 업무에 지속적으로 관여하면서 현재에 이르렀다. 창업 당시, 불과 서버 세 대로 시작한 IT 인프라는 어느새 수천에서 수만 대의 규모로 성장했다. 특히 최근에는 LINE이라는 스마트폰용 앱이 전 세계적으로 인기를 끌게 되면서 인프라의 규모가 이전과 다르게 매우 빠르게 확대되고 있다.

인프라 운영은 인프라의 규모에 따라 고민하는 포인트가 각각 다르다. 이런 점은 나에게도 예외가 아니었기 때문에 지난 날의 나 또한 각 단계마다 고민하면서 대처해왔다. 그리고 그때그때 고민해왔던 사항을 이 책에 대부분 포함시켰다. 그러므로 이 책의 내용은 현역 인프라 엔지니어는 물론이고, IT 인프라가 어떻게 구축되고 운영되는지 흥미가 있는 사람에게도 충분히 도움이 될 것이다.

그 동안 인프라 규모가 급격히 확대되었는데도 불구하고 큰 문제없이 대처할 수 있었던 이유를 묻는 사람이 많이 있었다. 그 이유를 먼저 말하자면, 인프라 규모가 급증했던 과거 몇 번의 경험을 통해서 다음에 발생할 문제에 대처할 방법을 오래 전부터 준비할 수 있게 되었기 때문이다. 구체적인 내용은 이 책에서 자세히 다루고 있으므로 읽어보기 바란다.

## 감사의 글

이 책의 집필 의뢰를 받고 어떤 방향으로 글을 진행할지 여러 가지로 생각해봤다. 기술서니까 관련된 테크놀로지에 관해 담담하게 쓰는 것도 생각했지만, 단순한 기술 설명서라면 독자들이 왠지 책을 산 것만으로 만족하고 읽지도 않은 채 책장만 채우게 될 것 같은 느낌이 들었다.

모처럼 산 책이니 한 번은 다 읽어주기 바라는 마음이 있어 어떻게 쓰면 좋을지 고민한 결과, 내 경험을 바탕으로 한 내 나름의 시점을 가능한 가득 채워가는 것이 좋겠다고 생각했다.

앞에서도 말했지만, 이 책은 내 부서에 배속된 신입사원이 꼭 알아두었으면 하는 내용을 중심으로 선정했다. 내가 지금까지 고민하면서 해결해왔던 문제들을 대체로 담아냈기에 부서에 배속된 신입사원은 물론이고, 이 책을 선택해주신 독자 여러분께도 도움이 될 수 있을 것으로 생각한다. 이 책이 업무에 도움이 될 수 있다면 필자로서 가장 큰 기쁨이다.

끝으로 이 책을 집필할 계기를 주신 C&R 연구소 이케다 사장님, 담당 편집자로서 많은 조언과 독촉을 해주신 요시나리씨, 평소 업무 중에 여러 가지로 도와준 직원들, 책의 교정을 흔쾌히 받아들여 준 주식회사 하트비츠 CTO인 우마바씨, 그리고 무엇보다도 오랜 집필 기간 내내 뒤에서 힘이 되어 준 아내와 아이들에게 깊이 감사드린다.

이 책을 처음 봤을 때의 느낌은 궁금함이었다. 인프라라는 방대한 주제를 어떻게 요리해서 한 권에 담아냈을까? 혹시 일반적인 네트워크나 서버 운영에 관한 내용은 아닐까? 그렇게 약간은 의심하면서 책을 읽기 시작했다.

결론부터 말하면 저자는 의도한 바를 꽤 잘 풀어냈다고 할 수 있다. 저자는 자신의 부서에 새로 들어온 신입사원이 알아두기 바라는 내용을 중심으로 책을 썼다고 서문에서 말했다. 대규모 인프라 구축이나 관리를 접해본 적이 없는 나조차 이 책을 읽고 인프라 엔지니어가 구체적으로 무슨 일을 하는지, 어떤 문제가 일어나고 어떻게 대처해야 하는지 어느 정도 짐작할 수 있었다. 아마도 실제 업무에서도 선후배 간의 소통에 도움이 될 것 같다.

원서 제목에 들어간 '교과서'라는 말처럼 이 책은 인프라 엔지니어가 알아야 할 전반적인 지식, 하드웨어, 소프트웨어, 데이터 센터, 장애 대책 등 엔지니어로서 꼭 마주하게 될 문제를 골고루 다루고 있다. 책은 가벼워도 IT 인프라를 이해하는 길잡이 역할을 하고 개념을 잡기에 충분하다. 특히 저자가 직접 경험하고 고민했던 내용을 책으로 구성했기에, IT 인프라 기술에 흥미가 있는 사람에게는 생생한 안내서가 될 수 있을 것이다.

끝으로 이 책을 선택한 독자들이 원하는 바를 얻게 되길 바란다. 그렇게 된다면 옮긴이로서 더 없이 기쁘겠다. 감기로 고생하시면서도 부족한 원고를 좋은 글로 교정해주신 배호종 편집자님과 멀리까지 찾아오셔서 좋은 책을 소개해주신 서형철 차장님께 감사드린다. 그리고 곰곰히 생각해보니 삼촌 무릎에 앉아 놀면서 긴장을 늦출 수 없게 도와준 두 조카에게도 감사해야겠다.

2014년 5월 옮긴이 **김 성 재**

# 인프라 엔지니어의 업무

일상생활에서 슈퍼마켓의 POS 시스템이나 전철표 판매 시스템이 멈추면 큰 혼란이 일어난다. 인터넷 세상에서는 Yahoo!나 Google과 같은 웹사이트가 멈추면 매우 불편하다. 마찬가지로 스마트폰 세상에서도 LINE이나 온라인 쇼핑몰 서버가 멈추면 곤란해질 것이다. 이처럼 IT 인프라는 생활에 밀접하게 연관되어 있으므로 사용할 수 없게 되면 아주 불편해진다. 인프라 엔지니어의 일은 이렇게 사회의 IT 인프라를 관리하는 일이다.

이런 IT 인프라는 '하드웨어'와 '소프트웨어'로 구성된다. 하드웨어는 언젠가 반드시 고장나기 마련이고, 소프트웨어는 항상 버그를 포함하고 있을 가능성이 있다. 인프라 엔지니어는 이런 불완전한 요소를 조합해서 IT 인프라를 구축하고, IT 서비스를 계속해서 제공할 수 있도록 매일매일 구슬땀을 흘리고 있다. 그렇다면 인프라 엔지니어에게 요구되는 것은 무엇일까? 이 물음에 대해서 자주 언급되는 것이 기술력과 책임감이다. 나는 여기에 정보 수집력과 결단력을 더하고 싶다. IT 인프라를 구축·운영하는 과정에서 매일 많은 의사 결정이 필요하다. 의사 결정을 얼마나 정확하고 빠르게 할 수 있는지가 안정적인 IT 인프라를 유지하는 데 매우 중요하다.

# 01 | 인프라 엔지니어의 업무

인프라 엔지니어의 업무는 크게 '인프라 설계, 인프라 구축, 인프라 운영' 세 단계로 분류할 수 있다.

## 인프라 설계

인프라를 만들 때는 반드시 인프라를 만든 목적이 있으므로 우선, 그 목적을 잘 이해할 필요가 있다. 그런 다음 목적을 달성하는 데 필요한 기능이나 성능 등을 조건을 기준으로 정리한다.

조건이 정리되면 그 조건에 맞는 적절한 기획서와 설계서를 작성해야 한다. 어떤 인프라를 어느 정도의 비용으로, 어느 정도의 기간 내에 만들 수 있는지 예상하는 작업이다. 이 작업은 인프라 엔지니어가 직접 하기도 하고 업체나 컨설턴트에 의뢰해서 제안을 받기도 한다. 기획서와 설계서가 완성되면 합당한 책임자에게 결재를 올린다.

## 인프라 구축

필요한 기능이나 소프트웨어 등을 발주해서 납품을 받으면 인프라 구축을 시작한다. 인프라 구축 작업은 인프라 엔지니어가 직접하는 경우도 있고 오퍼레이터나 외부 업체에 맡길 때도 있다. 인프라 구축 작업은 기기의 운반과 조립, 장착, 설치, 설정, 동작 테스트, 부하 테스트 등으로 분류할 수 있다.

대기업을 고객으로 둔 SI<sub>System Integration</sub>(시스템 인터그레이션) 업계에서는 기기를 들여와서 설치하는 하드웨어 관련 작업은 CE<sub>Customer Engineer</sub>(커스터머 엔지니어)가, 서버나 스토리지 설정은 SE<sub>System Engineer</sub>(시스템 엔지니어)가, 그리고 네트워크 장비 설정은 NE<sub>Network Engineer</sub>(네트워크 엔지니어)가 하는 경우가 많다. 그렇지만 웹 기반의 업계에서는 SI 업계처럼 역할 분담을 하지 않고 처음부터 끝까지 인프라 엔지니어의 손을 거치는 경우가 많은 것 같다.

## 인프라 운영

구축한 IT 인프라는 가동 후에도 계속해서 정상적으로 동작하도록 운영해야만 한다. 인프라는 24시간, 365일 내내 가동되어야 하기 때문에 직접 인프라를 운영하는 회사는 몇 개의 팀을 만들어 24시간, 365일 교대로 운영하는 것이 일반적이다. 반면 이런 운영 조직을 만들 수 없을 때는 'MSP Managed Service Provider'라고 불리는 IT 인프라 운영 관리 업자에게 일련의 업무를 위탁할 수도 있다.

인프라 운영은 다음처럼 주로 '장애 대응'과 '수용량 관리', '인프라가 원인이 아닌 문제의 파악'으로 나눌 수 있다.

### 장애 대응

장애 대응에는 하드웨어 고장이나 급격한 액세스 증가에 대한 대책부터 부적절한 권한 설정에 의해 액세스가 불가능한 상황의 해소 등이 있다.

### 수용량 관리

일단 구축한 인프라는 시간이 지나면서 액세스 수나 데이터 양 등이 늘기도 하고 줄기도 한다. 적당한 시기에 인프라의 수용력을 재검토해야 한다. 구체적으로는 인프라 전체의 수용량이 부족하면 인프라를 늘려야 하고, 반대로 너무 여유롭다면 인프라를 축소해서 규모를 적절하게 조정한다.

### 인프라가 원인이 아닌 문제의 파악

시스템에 문제가 발생하면 콜센터나 다른 부서에서 인프라 엔지니어에게 장애 원인에 관한 문의가 들어온다. 그런 경우, 인프라가 원인일 때도 있지만 프로그램의 버그나 애플리케이션 설정 실수 등 인프라가 원인이 아닐 때도 있다. 장애 원인이 인프라인지 아닌지를 파악한 뒤 인프라가 원인이면 직접 대응하고, 인프라가 원인이 아니면 대응 가능한 부서에 대응 요청을 한다.

# 02 | IT 인프라를 구성하는 요소

IT 인프라는 다양한 요소로 구성된다. 인프라 규모에 따라서 각 요소에 전담 기술자를 배치하기도 하지만 모든 것을 겸임하기도 한다.

## 퍼실리티

퍼실리티facility란 '건물, 시설, 설비' 등을 의미한다. 퍼실리티에는 데이터 센터와 데이터 센터를 구성하는 랙, 에어컨, 발전기, 변압기, 소화 설비 등이 포함된다.

## 서버, 스토리지

IT 서비스를 제공하는 서버와 데이터를 대량으로 저장하는 스토리지를 가리킨다.

## 네트워크

서버와 스토리지를 연결하고 인터넷에 접속하는 네트워크를 가리킨다.

▼ **그림 1-1** 다양한 기기가 탑재된 랙(사진 제공: 델 주식회사)

# 03 | 기술자 관점에서 보는 인프라 엔지니어

인프라 엔지니어는 우수한 기술자라야 한다. 우수한 기술자란 요청된 과제에 대해 기술적인 관점에서 적절한 답을 제안하고 실천할 수 있어야 하며, 어떤 문제가 발생했을 때 단기간에 본질적인 해결책을 제시할 수 있는 기술자를 말한다. 또한 인프라 엔지니어는 정확한 지식과 정보 수집력이 있어야 하고 최신 동향에도 정통할 필요가 있다.

## 서버 하드웨어

서버 하드웨어는 주로 'IA Intel Architecture 서버'와 '엔터프라이즈 서버' 두 가지가 있다. 양 쪽 서버 모두 메인보드, CPU Central Processing Unit(중앙 연산 유닛), 메모리, 디스크, NIC Network Interface Card(네트워크 인터페이스 카드), PSU Power Supply Unit(파워 서플라이 유닛)와 같은 주요 부속의 조합으로 구성된다. 서버에서 이용되는 주요 부품은 해마다 다양화되어, 각 차이와 특성을 정확히 이해하기란 어렵다. 주요 부품에 관해서는 CHAPTER 02에 정리해 두었으므로 자세한 내용은 24페이지로 이동해서 읽기 바란다.

## 서버 운영체제

서버 운영체제 OS, Operating System는 거의 '리눅스, 윈도, 유닉스' 세 가지로 집약된다. 시간을 들여 공부하면 각 운영체제의 개념이나 기능에 정통하는 것이 어려운 일은 아니다. 하지만, 이론과 실전은 다르다. 직장 환경에서 사용할 기회가 없는 운영체제는 경험을 쌓는다는 의미에서 불리한 것이 사실이다. 일반적인 조작은 이론으로도 통달할 수 있지만 장애 대응은 경험을 무시할 수 없다. 실전 경험이 없는 기술자가 장애에 대응한다는 것은 말하자면, 경험이 없는 전공의가 갑자기 수술하게 되는 상황과 같다. 결국, 어떻게 실전 경험을 쌓느냐가 기술자의 성장에서 매우 중요하다.

## 스토리지

디스크의 대용량화, 플래시 디스크의 등장에 따른 고속화, 데이터의 폭발적 증가 등을 배경으로 스토리지 가상화, 씬 프로비저닝, 중복 제거, 스냅샷 등 신기술이 속속 등장하고 있다. 새로운 기술의 장단점을 신중하게 파악하고 비용 대비 효과 측면에서 적절한 스토리지를 선정할 수 있는 능력이 필요하다.

## 네트워크 설계와 구축

오늘날에는 네트워크에서 사용되는 통신 프로토콜이 TCP/IP로 거의 집약되므로, 다양한 통신 프로토콜이 사용되던 예전과 비교하면 일상에서 사용되는 네트워크 지식을 전체적으로 파악하기 쉬워졌다.

하지만, 네트워크의 흐름이란 눈에 보이지 않는 것이므로, 실제로 네트워크를 구축하고 제대로 동작하지 않았을 때 어디에 문제가 있는지 원인을 찾아내긴 어렵다. 따라서 네트워크를 구축할 때는 설계 단계부터 모든 각도에서 검토해 문제점을 해결할 필요가 있다.

특히 인터넷에서 네트워크는 외부 네트워크와 연결되어야 비로소 성립한다. 외부 네트워크와 연결했을 때 통신이 잘 되지 않으면 자신들의 문제인지 아니면 상대방의 문제인지 파악해야 한다. 하지만, 프로젝트에 관한 정확한 이해, 자신들의 설계와 설정은 아무 문제가 없다는 확신, 그리고 상대방의 설계나 설정이 아마도 틀렸을 거라는 근거가 없다면 상대방에게 자신 있게 지적할 수 없을 것이다.

## 네트워크 장비

네트워크 장비의 주된 역할은 통신의 교환이다. 네트워크 장비 카탈로그를 보면 다양한 정보가 기재되어 있어 어렵게 느껴질지도 모른다. 하지만, 기본적으로는 연결하는 서버 및 네트워크 장비의 수와 커넥터의 차이, 어느 정도의 통신량을 얼마나 빠르게 교환하고 싶은지, 그리고 라우터, L2 스위치, L3 스위치, L4 스위치, L7 스위치의 차이를 파악해 두면 네트워크 장비 선정에서 크게 실수할 일은 없다.

네트워크 장비는 업체마다 명령 체계가 달라서, 여러 업체의 제품을 사용할 때는 업체별 명령 체계를 학습할 필요가 있다. 또한 특정 업체의 고유 기능을 이용할 때는 다른 업체의 장비로 다룰 수 없다. 이런 문제를 피하고자 도입할 네트워크 장비의 통일이 비교적 자주 이루어진다.

# 04 선정자로서의 인프라 엔지니어

IT 인프라를 구축하기 위해서는 다양한 선택이 필요하다. 여기서는 대표적인 선택의 예를 들어보겠다. 선택에는 다양한 선택지가 나오지만 대개 100% 정답인 선택지는 없으며, 프로젝트의 성질이나 기업문화 혹은 최종 결재권자의 사고 방식 등에 의해 정답이 달라지는 게 일반적이다. 인프라 엔지니어는 그런 점을 고려해 기술자로서 객관적인 이유를 모아 최고의 선택으로 이끄는 게 중요하다.

## 시스템 구성

프로젝트에 대해서 어떤 시스템을 어느 정도의 규모로 어떻게 구성할 것인지 검토한다. 예를 들어 '메일 시스템을 구축한다'처럼 언뜻 보면 간단해 보이는 프로젝트라도 그림 1-2, 그림 1-3, 그림 1-4처럼 얼마든지 다양한 구성 패턴을 상상할 수 있다. 그리고 인프라 엔지니어는 몇 가지 제안 중에서 최선의 구성을 선택하게 된다.

▼ **그림 1-2** 최소 구성

▼ **그림 1-3** 이중화 구성

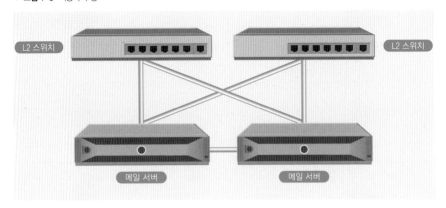

▼ **그림 1-4** 데이터 영역 분리 구성

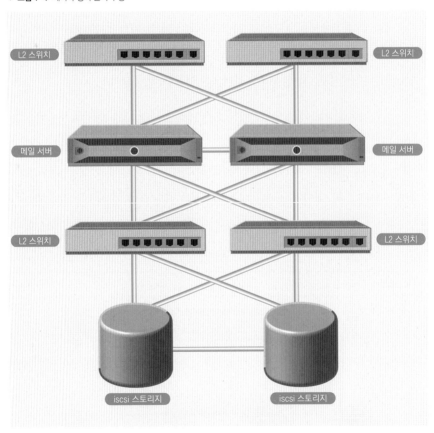

## 서버 사양 선정

인프라 엔지니어는 구매하려고 하는 서버의 사양을 선정한다. 서버에는 선정해야 할 사항이 많다. 예를 들어 서버 부품에서 결정할 사항으로는 CPU, 메모리, 디스크, RAID<sub>Redundant Array of Inexpensive Disk</sub>, NIC, PSU의 이중화 필요성, 보수 연수, 보수 레벨, 확장성, 물리적 크기 및 중량 등이 있고, 이런 사양을 하나씩 결정해가는 것도 인프라 엔지니어의 중요한 역할이다.

## 네트워크 구성

네트워크 구성을 검토할 때도 다양한 결정과 선택이 필요하다.

- 랙에 몇 개의 스위치를 설치할 것인가?
- 각 스위치의 수용량은 어느 정도로 할 것인가?
- 채택할 업체
- 보증 기간
- 네트워크 인터페이스별로 통신량을 정하고 이중화 여부를 결정

## 데이터베이스 설계

데이터베이스의 종류와 요건을 검토한다.

- RDBMS<sub>Relational Data Base Management System</sub>(관계형 데이터베이스 관리 시스템)의 선정(오라클, SQL 서버, MySQL, PostgreSQL 등)
- 필요 용량 계산
- 데이터베이스 스키마와 물리적인 데이터 배치 결정

## 운영 시스템

시스템을 어떻게 감시하고 운영할 것인지 검토한다.

### 운영 시스템의 예

운영 시스템의 예는 다음과 같다.

- 장애의 발생을 시스템 감시 도구로 감지하고, 장애 발생을 감지했을 때만 사원이 대응한다.
- 1차 대응은 MSP 업체에 위임한다. 그래도 해결되지 않을 때만 전화 등으로 사원에게 문제를 전달해서 단계적으로 대응한다.
- 별도의 조직을 만들어 24시간, 365일 감시 운용 시스템을 구축한다.

### 사내에서의 책임 범위

서비스와 기술, 시스템별로 사내에서의 책임 범위를 결정한다.

▼ **그림 1-5** 사내에서의 책임 범위의 예

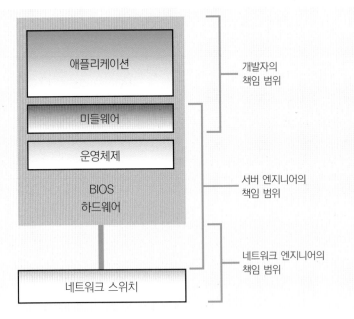

# 서버

'서버'란 사용자의 요청을 받고 응답을 반환하는 하드웨어를 말한다. 서버는 IT 서비스를 제공하는 IT 인프라의 주축이 된다. '어떤 서버를 어느 정도로 조달해야 하는가?' 이 고민은 IT 인프라 구축을 검토하는 모든 현장에서 일상적으로 볼 수 있다. 그만큼 서버 선정은 복잡하고 어려운 주제다. 서버 선정 과정을 어렵게 만드는 큰 이유는 선택지가 많기 때문이다. 한 마디로 서버라고 해도 '랙 마운트형 서버'와 '타워형 서버'처럼 형태의 차이도 있고, 서버에 탑재되는 다양한 부품의 종류, '엔트리, 미들레인지, 하이엔드' 서버와 같은 등급의 차이, 또는 '클라우드'나 '가상 서버' 같은 물리 서버가 아닌 형태도 있다. 이 장에서는 적절한 서버가 선정될 수 있도록 선택지가 될 요소를 전체적으로 소개하고, 각 요소에서 선택에 도움이 될 힌트를 기술한다.

# 05 서버의 종류

설치 장소나 용도가 다양하므로 업체마다 다양한 모델의 서버를 판매하고 있다. 여기서는 서버의 종류를 몇 가지 유형으로 나누어 소개한다.

## 랙 마운트형과 타워형 서버의 차이

서버의 형태에는 '랙 마운트형 서버'와 '타워형 서버'가 있다. 랙 마운트형 서버는 데이터 센터나 서버 룸에 설치된 랙 안에 들어간다. 반면 타워형 서버는 사내 서버 룸에 설치되거나 사무실 또는 점포 등에도 설치된다.

▼ **그림 2-1** 타워형 서버의 예(사진 제공: 델 주식회사)

▼ **그림 2-2** 랙 마운트형 서버의 예(사진 제공: 델 주식회사)

랙 마운트형 서버는 19인치 랙에 수용하는 것을 전제로 한다. 19인치 랙에 탑재하는 기기는 1U, 2U처럼 유닛 단위로 사이즈가 정해져 있다. 1U는 높이가 1.75인치 (44.45mm)다. 엔트리 서버는 1U 사이즈가 많지만 미들레인지 서버 이상은 탑재할 수 있는 부품이 늘어나므로 2U 사이즈 이상인 서버가 많다.

▼ **그림 2-3** 서버 랙(사진 제공: 델 주식회사)

서버는 냉방과 소음을 고려해서 설치 장소를 골라야 한다. 데이터 센터나 서버 룸처럼 냉방 장치가 설치된 밀폐된 전용 공간에 서버를 설치한다면 특별한 문제는 없다. 하지만, 사무실이나 점포 등 사람이 생활하는 공간에 타워형 서버를 설치할 때는 일반 서버 대신 사무실 설치용으로 개발된 저소음 서버를 준비할 수도 있다. 또한 서버는 수 킬로그램(kg)에서 수십 킬로그램(kg)까지 무게가 나가므로 사내에 랙을 설치하여 고밀도로 서버를 설치할 경우, 바닥의 하중에 주의할 필요가 있다.

## 엔트리, 미들레인지, 하이엔드 서버

서버는 용도에 따라 '엔트리, 미들레인지, 하이엔드' 서버를 구분해서 사용한다. 단, 이런 구분에 엄밀한 정의는 없으므로 일반적인 구분을 소개한다.

## 엔트리 서버

수십만 엔에 이르며, 주로 웹 서버나 애플리케이션 서버에서 이용된다. 보통 소켓 단위로 1~2개의 CPU를 탑재할 수 있는 서버를 가리킨다.

## 미들레인지 서버

수백만 엔에 이르며, 주로 데이터베이스 서버나 기간계 서버에서 이용된다. 대체로 소켓 단위로 4개 이상의 CPU를 탑재할 수 있으며, 하이엔드 서버에 속하지 않는 서버를 가리킨다. 여기서 기간계 시스템(미션 크리티컬 시스템, 엔터프라이즈 시스템, 백본 시스템 등)이란 기간 업무 시스템이라고도 불리며, 기업 경영을 지속하는 데 핵심이 되는 재무관리, 업무관리, 생산관리 등을 담당하는 시스템이다.

## 하이엔드 서버

수천만 엔에서 수억 엔에 이르며, 주로 데이터베이스 서버나 기간계 서버에서 이용된다. 대체로 소켓 단위로 수십 개 이상의 CPU를 탑재할 수 있는 서버를 가리킨다.

## IA 서버

'IA 서버'란 인텔이나 AMD 등 인텔 호환 CPU를 탑재하고 일반 컴퓨터와 같은 아키텍처를 기반으로 해 만들어진 서버를 말한다. 기본적으로 IA 서버는 어느 업체를 선택해도 아키텍처가 같지만 업체나 기종에 따라 모양이나 기능에 약간씩의 차이가 있으므로 IA 서버를 선택할 때는 다음과 같은 요소를 염두에 두면 좋다.

- 데이터 센터의 랙에 서버가 제대로 장착되는가? 랙 마운트 레일이 랙 크기에 맞지 않는 등의 이유로 랙에 서버가 장착되지 않으면 랙에 선반을 설치해서 기기를 선반 위에 직접 놓게 된다.
- 설치할 수 있는 부품 수(예: 설치할 수 있는 하드디스크(HDD)가 12개, 메모리 18개 등 업체에 따라 설치할 수 있는 부품의 개수는 다르다).
- 장애 발생 시 지원 체계
- 원격 제어 기능(업체에 따라 명칭이나 기능이 다르다. 32페이지 칼럼 참조)
- 납기

▼ 그림 2-4 랙 마운트 레일

▼ 그림 2-5 선반의 예1(사진 제공: 산와서플라이 주식회사)

▼ 그림 2-6 선반의 예2(사진 제공: 산와서플라이 주식회사)

## 엔터프라이즈 서버

시스템의 핵심인 기간계에 사용되는 기기는 기본적으로 모두 비싸다. 액세스가 대량으로 일어나도 견딜 수 있도록 수용량이 크고 내구성이 높은 기기가 선정되기 때문이다. 기간계에 사용되는 서버를 가리켜 '엔터프라이즈 서버'라고 부른다.

IA 서버와는 달리 엔터프라이즈 서버는 고가라서 보통은 다룰 기회가 거의 없기 때문에 무엇을 어떻게 골라야 할지 모를 수 있다. 처음 다루는 기기는 구매 시점에 판단할 수 있는 기준이 없다. 따라서 일반적으로 업체에서 방문해 영업 SE 등이 기술을 설명한다.

특히 중요도가 높은 엔터프라이즈 서버에서는 하드웨어 이상 경고가 발생하면 자동으로 업체에 통보되도록 서버에 전화 회선을 연결하는 서비스를 이용할 수도 있다. 이런 때는 특별히 문의하지 않아도 업체측에서 자동으로 수리하러 온다.

〈Column〉 **서버와 일반 컴퓨터의 차이**

서버는 일반 컴퓨터와 마찬가지로 메인보드, CPU, 메모리, 디스크 등의 부품으로 구성된다.

서버와 일반 컴퓨터는 용도 차이에 의해 설계 철학이 다르다. 서버는 24시간, 365일 가동되는 것을 전제로 하기 때문에 하드웨어가 잘 고장나지 않고, 또한 고장나더라도 최대한 시스템이 멈추지 않게 설계되어 있다. 구체적으로 말하면 서버의 부품 자체의 품질이 높아서 일반 컴퓨터와 비교하면 고장이 잘 나지 않는 점, 주요 부품을 이중화하여 부품에 고장이 발생해도 서비스를 멈추지 않은 채 교환할 수 있는 점, 하드웨어 고장 시 업체의 지원이 충실하다는 점을 들 수 있다. 또한 서버는 일반 컴퓨터와 비교했을 때 훨씬 더 많은 메모리와 하드디스크 등의 하드웨어 자원을 장착할 수 있는 것이 많다. 반면 일반 컴퓨터는 개인의 이용을 목적으로 하므로 그래픽이나 음향 등 멀티미디어 기능에 충실하다.

원칙적으로 서버에는 서버용 운영체제를 설치할 필요가 있다. 서버는 높은 안정성이 요구되므로 서버 업체가 동작을 보증하는 서버 운영체제 이외의 운영체제를 사용하는 것은 권장하지 않는다.

# 06 | 서버 선정

IT 서비스의 인프라를 구축할 때 무수히 많은 선택지 중에서 적절한 서버를 선택하는 것은 꽤 어려운 작업이다. 서버의 선정 요령은 가능한 선택지를 줄인 다음, 핵심만 추려서 음미하는 것이다.

## 서버의 조건

서버의 사양을 결정할 때 필요한 하드웨어 자원의 사용량을 정하고 나서 CPU, 메모리, 디스크, NIC 포트 수 등을 결정한다. 또한 부가적인 요소로서 RAID 유무, PSU 이중화, 보수 연수, 보수 수준, 확장성, 물리 사이즈와 중량 등도 함께 결정하게 된다.

▼ **표 2-1** 서버 요건을 결정하는 요소의 예

| 항목 | 선택지 |
|---|---|
| CPU | 주파수, 개수(소켓 수), 코어 수, 캐시 용량, 가상화 지원 등 |
| 메모리 | 용량, 전송 속도, 매수 등 |
| 디스크 | 용량, 회전 수, 하드디스크 또는 SSD 등 |
| RAID | RAID 1/5/6/10/50/60 등 |
| NIC | 2포트, 4포트, 8포트 등 |
| PSU | 총 와트 수, 비이중화, 이중화 |
| 보증 기간 | 1년, 3년, 5년 등 |
| 지원 수준 | 4시간 온사이트, 평일익영업일(평일 영업일 중 (신청한) 다음 날) 지원, 24시간, 365일 지원 등 |
| 확장성 | 메모리 소켓 수, PCI 슬롯 수, 디스크 탑재 수 등 |
| 물리적인 사이즈 | 1U, 2U, 4U 등 |
| 무게 | 경량, 초중량 등 |

## 서버 사양 결정 방법

서버 사양을 엄격하게 결정하려면 선택할 것이 너무 많아지므로, 어떻게 선택지를 좁혀갈 수 있는지가 중요해진다.

서버 사양을 결정하는 방법에는 세 가지 사고 방식이 있다.

**1** 실제 환경을 시험적으로 구축해 측정 결과를 보고 판단한다.

**2** 임시로 결정한 서버 사양의 기기를 현장에 투입해 실제 하드웨어 자원의 이용 상황을 측정한 다음, 서버와 서버의 부품을 늘리거나 줄인다.

**3** 소거법으로 사양을 좁혀간다.

기간계라고 불리는 시스템의 중핵을 담당하는 시스템이나 중요한 시스템일 때는 **1**번 방식을 선택하는 것이 좋다. 단, 이 방법은 준비에 많은 노력과 시간이 필요하다.

온라인 게임처럼 실제로 공개해보지 않아서 액세스 양이 판명되지 않을(사전에 예상할 수 없다) 때는 **2**번 방식을 선택하는 것이 좋다. 이런 경우 기기에 여유가 있으면 미리 넉넉하게 기기를 투입하고, 나중에 적정 규모로 사양을 조정한다. 보유 기기 대수에 여유가 없어도 업체에 상담하면 적정 규모가 정해질 때까지 임시로 기기를 대여해주기도 한다.

어느 정도, 서비스의 성질이 정해져 있을 때는 **3**번 방식을 선택하는 것이 좋다. 예를 들어 보통 웹 서버의 경우는 메모리 이외의 하드웨어 리소스는 그다지 소비되지 않으므로 메모리만 넉넉하게 설치하고 나머지는 필요한 최소한의 서비스 사양으로 하는 방법이 된다.

## 스케일 아웃과 스케일 업

서버의 수용량을 늘리는 접근 방식으로 '스케일 아웃'과 '스케일 업'이 있다.

스케일 아웃은 성능이 부족해지면 서버의 수를 늘려서 수용량을 늘리는 방법이다. 예를 들어 부하 분산이 쉬운 웹 서버는 가격이 싼 장비로 구성하고 성능이 부족해지면 서버의 수를 더 늘려간다.

▼ **그림 2-7** 스케일 아웃과 스케일 업

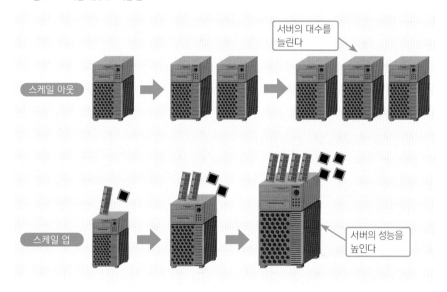

스케일 업은 성능이 부족해지면 메모리 증설 등 부품을 추가/교환하거나 상위 기종으로 교체해 서버 성능을 높이는 방법이다. 예를 들어 부하 분산이 어려운 데이터베이스 서버는 1세트만 준비하고 성능이 부족해지면 더 고가의 기종으로 교체하는 식으로 대응한다.

# 업체를 선정한다

서버 사양을 결정하고 나면, 각 서버 업체로부터 견적을 받고 가격과 서비스를 종합적으로 판단해서 업체를 선정한다.

현재 일본 내에서 구할 수 있는 주요 업체의 서버는 다음과 같다.

- DELL PowerEdge 시리즈
- NEC Express5800 시리즈
- 일본 HP ProLiant 시리즈, Integrity 시리즈
- 일본 IBM x시리즈, PowerSystems 시리즈 등
- 일본 오라클 SPARC 시리즈, Sun Server 시리즈
- 일본 유니시스 ES7000 시리즈
- 일본제작소 HA8000 시리즈
- 후지쯔 PRIMERGY 시리즈, PRIMEQUEST 시리즈 등

〈Column〉 **원격 제어 기능의 명칭**

원격 제어 기능은 업체마다 명칭이 다르다. 주요 업체의 명칭은 다음과 같다.

- DELL: Dell Remote Access Controller(DRAC)
- HP: Integrated Lights-Out(iLO)
- IBM: IMM(Integrated Management Module)
- NEC: EXPRESSSCOPE 엔진
- 후지쯔: Remote Management Controller

# 07 CPU

CPU는 연산을 대량으로 빠르게 처리하는 장치로, 사람으로 말하면 두뇌에 해당한다. CPU의 종류는 다양하지만 각각의 가격은 차이가 상당하므로 어느 것을 선택해야 좋을지 알 수 없을 때도 많다. 여기서는 CPU의 구조를 파악하고 적합한 CPU 선택 기준에 관해 생각해보기로 한다.

## 성능과 발열, 소비 전력

CPU는 연산 능력이 높으면 높을수록 고성능 CPU로 분류된다. 이전에는 동작 주파수를 올려서 연산 능력을 높였지만, 일반적으로 CPU의 연산 능력이 높아질수록 발열과 소비 전력도 커지므로 CPU는 성능을 높이면서도 발열과 소비 전력은 억제하는 방향으로 진화해왔다. 이제는 동작 주파수를 올려도 성능이 향상된다는 장점보다 소비 전력이 증가한다는 단점이 더 커지게 되었다.

따라서 최근에는 동작 주파수를 어느 정도 수준으로 억제하는 대신, 멀티코어나 멀티스레드와 같은 방식을 이용해서 하나의 CPU로 동시에 처리할 수 있는 연산 개수를 늘려서 연산 능력의 향상을 꾀하게 되었다.

## CPU 용어

CPU에 관한 주요 용어는 다음과 같다.

### 소켓 수

CPU의 개수

### 코어 수

CPU의 주요 계산 부분. 복수의 코어가 있는 것을 '멀티코어'라고 한다.

## 스레드 수

하나의 코어에서 처리할 수 있는 수(하이퍼스레딩 기능이 있으면 코어 수가 배가 된다)

## 동작 주파수

1초당 클럭 수. 동작 주파수가 높을수록 처리 속도가 빨라지지만, 전력 효율이 나빠지고 발열도 증가한다.

## 캐시

CPU와 메인 메모리 사이에 캐시 메모리라는 빠른 속도의 메모리가 있다. 캐시 메모리에 자주 액세스하는 데이터를 저장해서 상대적으로 느린 메인 메모리로의 액세스를 줄여 CPU의 처리 성능을 높인다.

## 하이퍼스레딩

하나의 코어로 두 개의 처리를 실행할 수 있는 기술(인텔 CPU에서 사용하는 용어)

## 터보부스트 기술

CPU의 속도를 자동으로 기준 클럭보다 빠르게 동작시키는 기능. 전혀 일을 하지 않는 코어가 있을 때, 일을 하고 있는 코어를 클럭 업시키는 기술(인텔 CPU에서 사용하는 용어)

▼ **그림 2-8** 1소켓에 2코어, 하이퍼스레딩이 있을 때 운영체제에서는 4CPU로 보인다

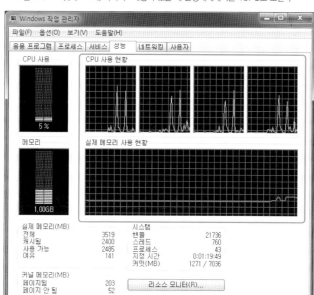

## CPU 선정의 포인트

CPU를 선정할 때 주로 고려할 점을 설명한다.

### 성능

요구하는 연산 능력을 만족하는가?

### 가격

가격이 타당한가? CPU는 종류에 따라서 상당한 가격 차이가 있다. 필요한 처리 능력보다 가격이 비교적 싸다면, 앞으로의 확장성을 고려해 처리 능력이 약간 높은 CPU를 선택할 수 있다. 반대로 필요한 처리 능력을 만족하는 CPU가 너무 비싸다면, 처리 능력이 약간 낮은 CPU를 여러 개 탑재해 비용 증가를 억제하면서도 처리 능력을 만족하는 방법을 택할 수도 있다.

## 사용할 소프트웨어의 라이선스 체계

CPU의 코어 수와 소켓 수로 가격이 달라지는 소프트웨어가 있으므로, 비용을 줄이려면 CPU의 종류와 개수를 조정한다. 특히 고가의 소프트웨어를 사용할 때는 소프트웨어의 라이선스 체계를 잘 이해하고 가능한 싼 가격의 라이선스 체계를 고를 수 있게 CPU를 선택하는 일이 중요해진다. 다음은 몇 가지 예다.

- **Oracle Processor License**: 총 코어 수에 따라 라이선스 수가 변한다. 단, 사용하는 CPU 종류에 따라 총 코어 수를 계산하는 방법이 다르다. Oracle Processor Lincense를 사용할 때는 대개 어느 정도 비싸더라도 처리 능력이 높은 CPU를 선택해 총 코어 수를 낮춰서 구매할 라이선스 수를 줄일 수 있다.
- **SQL Server 2012 Computing Power License**: 최저 코어 수는 4 코어부터 시작한다. 1 라이선스마다 2 코어를 사용할 수 있다.
- **Windows Server 2012 Standard/Datacenter Edition**: 1 라이선스마다 2 소켓(물리적 CPU 2개)을 사용할 수 있다.
- **VMware vSphere**: 1 라이선스마다 1 소켓(물리적 CPU 1개)을 사용할 수 있다.

## 소비 전력

소비 전력을 절약하고 싶은가? 저전력 CPU는 동작 클럭을 떨어뜨려 소비 전력을 절감하는 CPU다. 대체로 일반 CPU와 비교해서 저전력 CPU는 단가가 올라가지만, 운영 비용을 수년 단위로 볼 때는 소비 전력분의 비용 절감으로 총 비용이 내려갈 수도 있다.

## 인텔 CPU

인텔의 CPU 종류는 다양하다. 서버에서 이용되는 CPU는 다음과 같다.

▼ 표 2-2 Intel Xeon Processor E7 Family

| 프로세서 넘버 | 코어 수/스레드 수 | 동작 주파수(클럭) | 캐시 | 터보부스트 | 하이퍼스레딩 |
|---|---|---|---|---|---|
| E7—8870 | 10/20 | 2.40GHz | 30.0MB | ○ | ○ |
| E7—8867L | 10/20 | 2.13GHz | 30.0MB | ○ | ○ |
| E7—8860 | 10/20 | 2.26GHz | 24.0MB | ○ | ○ |
| E7—8850 | 10/20 | 2.00GHz | 24.0MB | ○ | ○ |
| E7—8837 | 8/8 | 2.66GHz | 24.0MB | ○ | — |
| E7—8830 | 8/16 | 2.13GHz | 24.0MB | ○ | ○ |
| E7—4870 | 10/20 | 2.40GHz | 30.0MB | ○ | ○ |
| E7—4860 | 10/20 | 2.26GHz | 24.0MB | ○ | ○ |
| E7—4850 | 10/20 | 2.00GHz | 24.0MB | ○ | ○ |
| E7—4830 | 8/16 | 2.13GHz | 24.0MB | ○ | ○ |
| E7—4820 | 8/16 | 2.00GHz | 18.0MB | ○ | ○ |
| E7—4807 | 6/12 | 1.86GHz | 18.0MB | — | ○ |
| E7—2870 | 10/20 | 2.40GHz | 30.0MB | ○ | ○ |
| E7—2860 | 10/20 | 2.26GHz | 24.0MB | ○ | ○ |
| E7—2850 | 10/20 | 2.00GHz | 24.0MB | ○ | ○ |
| E7—2830 | 8/16 | 2.13GHz | 24.0MB | ○ | ○ |
| E7—2820 | 8/16 | 2.00GHz | 18.0MB | ○ | ○ |
| E7—2803 | 6/12 | 1.73GHz | 18.0MB | — | ○ |

▼ 표 2-3 Intel Xeon Processor E5 Family

| 프로세서 넘버 | 코어 수/스레드 수 | 동작 주파수(클럭) | 캐시 | 터보부스트 | 하이퍼스레딩 |
|---|---|---|---|---|---|
| E5—4650L | 8/16 | 2.60GHz | 20.0MB | 2.0 | ○ |
| E5—4650 | 8/16 | 2.70GHz | 20.0MB | 2.0 | ○ |
| E5—4640 | 8/16 | 2.40GHz | 20.0MB | 2.0 | ○ |
| E5—4620 | 8/16 | 2.20GHz | 16.0MB | 2.0 | ○ |
| E5—4617 | 6/6 | 2.90GHz | 15.0MB | 2.0 | — |
| E5—4610 | 6/12 | 2.40GHz | 15.0MB | 2.0 | ○ |
| E5—4607 | 6/12 | 2.20GHz | 12.0MB | — | ○ |
| E5—4603 | 4/8 | 2.00GHz | 10.0MB | — | ○ |
| E5—2690 | 8/16 | 2.90GHz | 20.0MB | 2.0 | ○ |
| E5—2680 | 8/16 | 2.70GHz | 20.0MB | 2.0 | ○ |
| E5—2670 | 8/16 | 2.60GHz | 20.0MB | 2.0 | ○ |

● 계속

| 프로세서 넘버 | 코어 수/스레드 수 | 동작 주파수(클럭) | 캐시 | 터보부스트 | 하이퍼스레딩 |
|---|---|---|---|---|---|
| E5—2667 | 6/12 | 2.90GHz | 15.0MB | 2.0 | ○ |
| E5—2665 | 8/16 | 2.40GHz | 20.0MB | 2.0 | ○ |
| E5—2660 | 8/16 | 2.20GHz | 20.0MB | 2.0 | ○ |
| E5—2650L | 8/16 | 1.80GHz | 20.0MB | 2.0 | ○ |
| E5—2650 | 8/16 | 2.00GHz | 20.0MB | 2.0 | ○ |
| E5—2643 | 4/8 | 3.30GHz | 10.0MB | 2.0 | ○ |
| E5—2640 | 6/12 | 2.50GHz | 15.0MB | ○ | ○ |
| E5—2637 | 2/4 | 3.00GHz | 5.0MB | 2.0 | ○ |
| E5—2630L | 6/12 | 2.00GHz | 15.0MB | 2.0 | ○ |
| E5—2630 | 6/12 | 2.30GHz | 15.0MB | ○ | ○ |
| E5—2609 | 4/4 | 2.40GHz | 10.0MB | — | ○ |
| E5—2603 | 4/4 | 1.80GHz | 10.0MB | — | — |
| E5—2470 | 8/16 | 2.30GHz | 20.0MB | 2.0 | ○ |
| E5—2450L | 8/16 | 1.80GHz | 20.0MB | 2.0 | ○ |
| E5—2450 | 8/16 | 2.10GHz | 20.0MB | 2.0 | ○ |
| E5—2440 | 6/12 | 2.40GHz | 15.0MB | ○ | ○ |
| E5—2430L | 6/12 | 2.00GHz | 15.0MB | 2.0 | ○ |
| E5—2420 | 6/12 | 1.90GHz | 15.0MB | ○ | ○ |
| E5—2407 | 4/4 | 2.20GHz | 10.0MB | — | — |
| E5—2403 | 4/4 | 1.80GHz | 10.0MB | — | — |
| E5—1428L | 6/12 | 1.80GHz | 15.0MB | — | ○ |

▼ 표 2-4 Intel Xeon Processor E3 Family

| 프로세서 넘버 | 코어 수/스레드 수 | 동작 주파수(클럭) | 캐시 | 터보부스트 | 하이퍼스레딩 |
|---|---|---|---|---|---|
| E3—1290 | 4/8 | 3.60GHz | 8.0MB | 2.0 | ○ |
| E3—1280 | 4/8 | 3.50GHz | 8.0MB | 2.0 | ○ |
| E3—1270 | 4/8 | 3.40GHz | 8.0MB | 2.0 | ○ |
| E3—1260L | 4/8 | 2.40GHz | 8.0MB | 2.0 | ○ |
| E3—1245 | 4/8 | 3.30GHz | 8.0MB | 2.0 | ○ |
| E3—1240 | 4/8 | 3.30GHz | 8.0MB | 2.0 | ○ |
| E3—1235 | 4/8 | 3.20GHz | 8.0MB | 2.0 | ○ |
| E3—1230 | 4/8 | 3.20GHz | 8.0MB | 2.0 | ○ |
| E3—1220L | 2/4 | 2.20GHz | 3.0MB | 2.0 | ○ |

● 계속

| 프로세서 넘버 | 코어 수/스레드 수 | 동작 주파수(클럭) | 캐시 | 터보부스트 | 하이퍼스레딩 |
|---|---|---|---|---|---|
| E3—1220 | 4/4 | 3.10GHz | 8.0MB | 2.0 | — |
| E3—1290V2 | 4/8 | 3.70GHz | 8.0MB | 2.0 | ○ |
| E3—1280V3 | 4/8 | 3.60GHz | 8.0MB | 2.0 | ○ |
| E3—1280V2 | 4/8 | 3.60GHz | 8.0MB | 2.0 | ○ |
| E3—1270V3 | 4/8 | 3.50GHz | 8.0MB | 2.0 | ○ |
| E3—1270V2 | 4/8 | 3.50GHz | 8.0MB | 2.0 | ○ |
| E3—1265LV2 | 4/8 | 2.50GHz | 8.0MB | 2.0 | ○ |
| E3—1245V2 | 4/8 | 3.40GHz | 8.0MB | 2.0 | ○ |
| E3—1240V3 | 4/8 | 3.40GHz | 8.0MB | 2.0 | ○ |
| E3—1240V2 | 4/8 | 3.40GHz | 8.0MB | 2.0 | ○ |
| E3—1230LV3 | 4/8 | 1.80GHz | 8.0MB | 2.0 | ○ |
| E3—1230V3 | 4/8 | 3.30GHz | 8.0MB | 2.0 | ○ |
| E3—1230V2 | 4/8 | 3.30GHz | 8.0MB | 2.0 | ○ |
| E3—1220V3 | 4/4 | 3.10GHz | 8.0MB | 2.0 | — |
| E3—1220V2 | 4/4 | 3.10GHz | 8.0MB | 2.0 | — |

▼ 표 2-5 Intel Xeon Processor 5000 Sequence

| 프로세서 넘버 | 코어 수/스레드 수 | 동작 주파수(클럭) | 캐시 | 터보부스트 | 하이퍼스레딩 |
|---|---|---|---|---|---|
| X5690 | 6/12 | 3.46GHz | 12.0MB | ○ | ○ |
| X5687 | 4/8 | 3.60GHz | 12.0MB | ○ | ○ |
| X5680 | 6/12 | 3.33GHz | 12.0MB | ○ | ○ |
| X5677 | 4/8 | 3.46GHz | 12.0MB | ○ | ○ |
| X5675 | 6/12 | 3.06GHz | 12.0MB | ○ | ○ |
| X5672 | 4/8 | 3.20GHz | 12.0MB | ○ | ○ |
| X5670 | 6/12 | 2.93GHz | 12.0MB | ○ | ○ |
| X5667 | 4/8 | 3.06GHz | 12.0MB | ○ | ○ |
| X5660 | 6/12 | 2.80GHz | 12.0MB | ○ | ○ |
| X5650 | 6/12 | 2.66GHz | 12.0MB | ○ | ○ |
| X5647 | 4/8 | 2.93GHz | 12.0MB | ○ | ○ |
| X5570 | 4/8 | 2.93GHz | 8.0MB | ○ | ○ |
| X5560 | 4/8 | 2.80GHz | 8.0MB | ○ | ○ |
| X5550 | 4/8 | 2.66GHz | 8.0MB | ○ | ○ |
| X5492 | 4/4 | 3.40GHz | 12.0MB | — | — |

● 계속

| 프로세서 넘버 | 코어 수/스레드 수 | 동작 주파수(클럭) | 캐시 | 터보부스트 | 하이퍼스레딩 |
|---|---|---|---|---|---|
| X5482 | 4/4 | 3.20GHz | 12.0MB | — | — |
| X5472 | 4/4 | 3.00GHz | 12.0MB | — | — |
| X5470 | 4/4 | 3.33GHz | 12.0MB | — | — |
| X5460 | 4/4 | 3.16GHz | 12.0MB | — | — |
| X5450 | 4/4 | 3.00GHz | 12.0MB | — | — |
| X5365 | 4/4 | 3.00GHz | 8.0MB | — | — |
| X5355 | 4/4 | 2.66GHz | 8.0MB | — | — |
| X5272 | 2/2 | 3.40GHz | 6.0MB | — | — |
| X5270 | 2/2 | 3.50GHz | 6.0MB | — | — |
| X5260 | 2/2 | 3.33GHz | 6.0MB | — | — |
| W5590 | 4/8 | 3.33GHz | 8.0MB | ○ | ○ |
| W5580 | 4/8 | 3.20GHz | 8.0MB | ○ | ○ |
| 5133 | 2/2 | 2.20GHz | 4.0MB | — | — |
| 5113 | 2/2 | 1.60GHz | 4.0MB | — | — |
| L5640 | 6/12 | 2.26GHz | 12.0MB | ○ | ○ |
| L5630 | 4/8 | 2.13GHz | 12.0MB | ○ | ○ |
| L5609 | 4/4 | 1.86GHz | 12.0MB | — | — |
| L5530 | 4/8 | 2.40GHz | 8.0MB | ○ | ○ |
| L5520 | 4/8 | 2.26GHz | 8.0MB | ○ | ○ |
| L5506 | 4/4 | 2.13GHz | 4.0MB | — | — |
| L5430 | 4/4 | 2.66GHz | 12.0MB | — | — |
| L5420 | 4/4 | 2.50GHz | 12.0MB | — | — |
| L5335 | 4/4 | 2.00GHz | 8.0MB | — | — |
| L5320 | 4/4 | 1.86GHz | 8.0MB | — | — |
| L5310 | 4/4 | 1.60GHz | 8.0MB | — | — |
| L5240 | 2/2 | 3.00GHz | 6.0MB | — | — |
| L5215 | 2/2 | 1.86GHz | 6.0MB | — | — |
| E5649 | 6/12 | 2.53GHz | 12.0MB | ○ | ○ |
| E5640 | 4/8 | 2.66GHz | 12.0MB | ○ | ○ |
| E5630 | 4/8 | 2.53GHz | 12.0MB | ○ | ○ |
| E5607 | 4/4 | 2.26GHz | 8.0MB | — | — |
| E5606 | 4/4 | 2.13GHz | 8.0MB | — | — |
| E5603 | 4/4 | 1.60GHz | 4.0MB | — | — |
| E5530 | 4/8 | 2.40GHz | 8.0MB | ○ | ○ |

○ 계속

| 프로세서 넘버 | 코어 수/스레드 수 | 동작 주파수(클럭) | 캐시 | 터보부스트 | 하이퍼스레딩 |
|---|---|---|---|---|---|
| E5520 | 4/8 | 2.26GHz | 8.0MB | ○ | ○ |
| E5507 | 4/4 | 2.26GHz | 4.0MB | — | — |
| E5506 | 4/4 | 2.13GHz | 4.0MB | — | — |
| E5503 | 2/2 | 2.00GHz | 4.0MB | — | — |
| E5502 | 2/2 | 1.86GHz | 4.0MB | — | — |
| E5472 | 4/4 | 3.00GHz | 12.0MB | — | — |
| E5462 | 4/4 | 2.80GHz | 12.0MB | — | — |
| E5450 | 4/4 | 3.00GHz | 12.0MB | — | — |
| E5430 | 4/4 | 2.66GHz | 12.0MB | — | — |
| E5420 | 4/4 | 2.50GHz | 12.0MB | — | — |
| E5410 | 4/4 | 2.33GHz | 12.0MB | — | — |
| E5405 | 4/4 | 2.00GHz | 12.0MB | — | — |
| E5320 | 4/4 | 1.86GHz | 8.0MB | — | — |
| E5310 | 4/4 | 1.60GHz | 8.0MB | — | — |
| E5205 | 2/2 | 1.86GHz | 6.0MB | — | — |
| 5160 | 2/2 | 3.00GHz | 4.0MB | — | — |
| 5150 | 2/2 | 2.66GHz | 4.0MB | — | — |
| 5120 | 2/2 | 1.86GHz | 4.0MB | — | — |
| 5110 | 2/2 | 1.60GHz | 4.0MB | — | — |
| 5080 | 2/4 | 3.73GHz | 4.0MB | — | ○ |
| 5070 | 2/4 | 3.46GHz | 4.0MB | — | ○ |
| 5063 | 2/4 | 3.20GHz | 4.0MB | — | ○ |
| 5060 | 2/4 | 3.20GHz | 4.0MB | — | ○ |
| 5050 | 2/4 | 3.00GHz | 4.0MB | — | ○ |
| 5040 | 2/4 | 2.83GHz | 4.0MB | — | ○ |
| 5030 | 2/4 | 2.66GHz | 4.0MB | — | ○ |

▼ 표 2-6 Intel Itanium Processor

| 프로세서 넘버 | 코어 수/스레드 수 | 동작 주파수(클럭) | 캐시 | 터보부스트 | 하이퍼스레딩 |
|---|---|---|---|---|---|
| 9560 | 8/16 | 2.53GHz | 32.0MB | ○ | ○ |
| 9550 | 4/8 | 2.40GHz | 32.0MB | ○ | ○ |
| 9540 | 8/16 | 2.13GHz | 24.0MB | ○ | ○ |
| 9520 | 4/8 | 1.73GHz | 20.0MB | ○ | ○ |

● 계속

| 프로세서 넘버 | 코어 수/스레드 수 | 동작 주파수(클럭) | 캐시 | 터보부스트 | 하이퍼스레딩 |
|---|---|---|---|---|---|
| 9350 | 4/8 | 1.73GHz | 24.0MB | ○ | ○ |
| 9340 | 4/8 | 1.60GHz | 20.0MB | ○ | ○ |
| 9330 | 4/8 | 1.46GHz | 20.0MB | ○ | ○ |
| 9320 | 4/8 | 1.33GHz | 16.0MB | ○ | ○ |
| 9310 | 2/4 | 1.60GHz | 10.0MB | — | ○ |
| 9152M | 2/4 | 1.66GHz | 24.0MB | — | ○ |
| 9150N | 2/4 | 1.60GHz | 24.0MB | — | ○ |
| 9150M | 2/4 | 1.66GHz | 24.0MB | — | ○ |
| 9140N | 2/4 | 1.60GHz | 18.0MB | — | ○ |
| 9140M | 2/4 | 1.66GHz | 18.0MB | — | ○ |
| 9130M | 2/2 | 1.66GHz | 8.0MB | — | — |
| 9120N | 2/4 | 1.42GHz | 12.0MB | — | ○ |
| 9110N | 1/1 | 1.60GHz | 12.0MB | — | — |
| 9050 | 2/2 | 1.60GHz | 24.0MB | — | — |
| 9040 | 2/2 | 1.60GHz | 18.0MB | — | — |
| 9030 | 2/2 | 1.60GHz | 8.0MB | — | — |
| 9020 | 2/2 | 1.42GHz | 12.0MB | — | — |
| 9015 | 2/2 | 1.40GHz | 12.0MB | — | — |
| 9010 | 2/2 | 1.60GHz | 6.0MB | — | — |

▼ 그림 2-9 CPU의 예(사진 제공: 인텔 주식회사)

# 08 메모리

메모리Memory는 단기 기억 영역이라고 불리며, 일시적으로 데이터를 기억할 수 있지만 전원이 공급되지 않으면 데이터가 모두 지워진다. 메모리에서 가장 중요한 요소는 메모리 용량의 크기지만 서버용 메모리에서는 용량 이외에도 내장애성, 성능, 저전력 등이 중시된다.

메모리에도 다양한 종류가 있지만 최근에는 DDR3 SDRAMDouble-Data-Rate3 Synchronous Dynamic Random Access Memory(이후 DDR3로 표기)이 주류이므로, 이 책에서는 DDR3에 초점을 맞춰 기술한다.

▼ **그림 2-10** DDR3 메모리

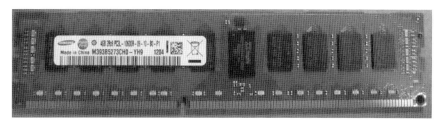

## 성능

메모리의 속도는 메모리 자체의 속도와, CPU와 각종 버스 간의 데이터 전송폭을 모두 고려한다. 보통 DDR3 메모리는 'DDR3-1600'처럼 표기한다. 이 중에서 1600에 해당하는 부분이 데이터 전송 속도를 나타내는데, 이 경우는 1,600MHz로 동작한다는 것이다. 모듈의 데이터 전송 속도는 1,600MHz × 8bytes = 12,800MB/초 = 12.8GB/초가 된다.

또한 나중에 설명할 다중 채널 메모리 구조를 사용하면 CPU나 각종 버스 간의 통신에서 기본 64bit인 데이터 전송폭을 듀얼 채널은 2배, 트리플 채널은 3배로 늘릴 수 있다.

그리고 역시 뒤에서 설명할 다중 랭크 메모리를 이용하면, 마찬가지로 64bit의 데이터 전송폭을 듀얼 랭크에서는 2배, 쿼드 랭크에서는 4배로 늘릴 수 있다.

## DDR3 메모리의 종류

DDR3 메모리의 종류는 다음과 같다.

▼ 표 2-7 DDR-3 메모리의 종류

| 칩 규격 / 모듈 규격 | 메모리 클럭 / 버스 클럭(MHz) | 데이터 전송 속도 (MHz) | 모듈의 데이터 전송 속도 |
|---|---|---|---|
| DDR3-800/ PC3-6400 | 100/400 | 800 | 800MHz × 8Bytes = 6,400MB/초 = 6.4GB/초 |
| DDR3-1066/ PC3-8500 | 133/533 | 1066.66 | 1,066.66MHz × 8Bytes ≒ 8,533MB/초 = 8.533GB/초 |
| DDR3-1333/ PC3-10600 | 166/667 | 1333.33 | 1,333.33MHz × 8Bytes ≒ 10,667MB/초 = 10.667GB/초 |
| DDR3-1600/ PC3-12800 | 200/800 | 1600 | 1,600MHz × 8Bytes = 12,800MB/초 = 12.8GB/초 |
| DDR3-1866/ PC3-14900 | 233/933 | 1866.66 | 1,866.66MHz × 8Bytes ≒ 14,933MB/초 = 14.933GB/초 |
| DDR3-2133/ PC3-17000 | 266/1066 | 2133.33 | 2,133.33MHz × 8Bytes ≒ 17,067MB/초 = 17.067GB/초 |
| DDR3-2400/ PC3-19200 | 300/1200 | 2400 | 2,400MHz × 8Bytes = 19,200MB/초 = 19.2GB/초 |
| DDR3-2666/ PC3-21333 | 333/1333 | 2666.66 | 2,666.66MHz × 8Bytes ≒ 21,333MB/초 = 21.333GB/초 |

## 메모리 용어

메모리와 관련된 주요 용어는 다음과 같다.

## 슬롯

메모리는 메인보드에 꽂는다. 슬롯은 메인보드에 있는 메모리 삽입구를 말한다. 즉, 메모리 슬롯이 8개인 서버는 메모리를 8개 삽입할 수 있다. 일반 컴퓨터의 메모리 슬롯은 보통 몇 개 정도지만, 최근에는 1U 서버에서도 수십 개나 되는 슬롯이 있는 서버가 등장했다.

## ECC 메모리

메모리 고장으로 비트 반전 오류가 발생했을 때, 자동으로 보정, 감지할 수 있도록 ECC~Error Correction Code~(오류 보정 부호)라고 불리는 패리티 정보가 추가된 메모리를 'ECC 메모리'라고 한다.

하드디스크처럼 가동 부분이 있는 부품과 비교하면 메모리는 고장이 잘 나지 않지만, 서버 운영 대수가 수백 대를 넘어서는 시점부터 메모리 오류를 보게 된다. ECC 메모리가 아닌 메모리를 사용했을 때는 메모리 고장이 발생하면 바로 운영체제 수준에서 이상 종료되지만, ECC 메모리를 사용했을 때는 메모리 고장이 발생해도 비트 반전 오류를 메모리가 스스로 바로 잡는다. 그 사이에 운영체제는 메모리 고장을 감지해 경고를 내보내므로, 경고가 일어나면 일반적인 방법으로 운영체제를 끈 후 정상적인 새 메모리로 교환할 수 있다.

일반적으로는 ECC 메모리와 비 ECC 메모리를 섞어서 사용할 수 없지만, 서버에 따라서는 BIOS에서 ECC 기능을 끄고 ECC 메모리와 비 ECC 메모리를 섞어서 사용할 수 있는 서버도 있다.

## 채널

CPU와 메인보드의 칩셋이 복수의 채널을 지원하면, 채널별로 같은 종류의 메모리를 탑재해 데이터 폭을 넓히고 성능을 높일 수 있다. 하나의 메모리로는 64bit의 데이터 폭으로 전송되지만, 듀얼 채널 환경에서는 2개의 메모리를 동시에 액세스해서 128bit의 데이터 폭으로 전송할 수 있게 된다. 트리플 채널이나 쿼드 채널도 개념은 똑같다.

다중 채널을 실현할 때 각 프로세서의 메모리 구성은 동일해야 한다는 규정이 있다.

▼ **그림 2-11** 멀티 프로세서 환경에서 트리플 채널의 예

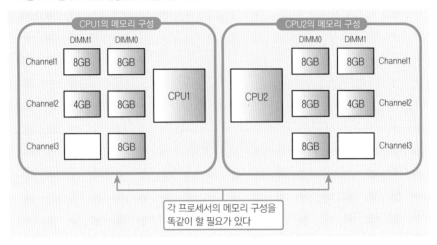

## 랭크

메모리 컨트롤러가 메모리의 DRAM에서 데이터를 입출력하는 단위를 가리켜 '랭크'라고 부른다. 하나의 랭크는 64bit 단위로 입출력한다. 랭크에는 '싱글 랭크(1R), 듀얼 랭크(2R), 쿼드 랭크(4R)'가 있다.

메모리는 DRAM 칩의 조합으로 구성된다. 싱글 랭크 메모리에서는 하나의 메모리에 64bit(ECC용 8bit를 추가해서 72bit)의 DRAM 칩이 탑재되어 있다. 또한 듀얼 랭크 메모리에서는 하나의 메모리에 128bit(ECC용 16bit를 추가해서 144bit)의 DRAM 칩이 탑재되어 있다.

서버에 메모리를 삽입할 때 랭크의 총 사용 수가 많아지게 조합하면 액세스 성능이 향상된다. 하지만, 메모리 컨트롤러가 다룰 수 있는 랭크 수에는 제한이 있다. 예를 들어 4R 메모리를 사용하면 싱글 랭크 메모리를 4개 삽입하는 것과 같으므로, 슬롯 수가 남아도 메모리를 최대 개수까지 삽입할 수 없는 일이 일어나는 수도 있다.

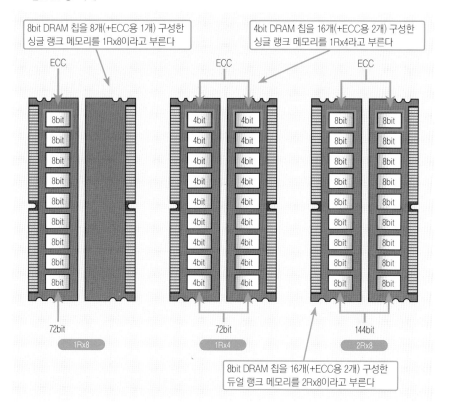

8bit DRAM 칩을 8개(+ECC용 1개) 구성한
싱글 랭크 메모리를 1Rx8이라고 부른다

4bit DRAM 칩을 16개(+ECC용 2개) 구성한
싱글 랭크 메모리를 1Rx4라고 부른다

ECC

ECC

ECC

72bit

72bit

144bit

1Rx8

1Rx4

2Rx8

8bit DRAM 칩을 16개(+ECC용 2개) 구성한
듀얼 랭크 메모리를 2Rx8이라고 부른다

## UDIMM

'Unbuffered DIMM'으로도 불리는 버퍼 없는 DIMM<sub>Dual In-line Memory Module</sub>이다.
참고로 일반 컴퓨터용 메모리의 대부분은 UDIMM이 이용된다.

## RDIMM

'Registered DIMM'이라고도 불리는 레지스터 DIMM이다. 클럭과 주소 등의 제어
신호를 버퍼 회로가 가져온다. 대용량 메모리나 안정적으로 운영이 필요한 서버용
메모리로 자주 사용된다. 단, 중간에 버퍼 회로가 끼어들어 레이턴시(또는 딜레이)
가 증가하므로 UDIMM보다 액세스 속도는 약간 떨어진다.

### LRDIMM

LRDIMM<sub>Load Reduced DIMM</sub>은 RDIMM을 더욱 발전시킨 방식으로, 메모리 컨트롤
러와 메모리 칩 사이의 모든 통신이 버퍼 회로를 매개로 이루어지는 DIMM이다.
메모리 버스 전체의 부하를 줄여서, 메인보드에 장착 가능한 모듈 수를 늘리거나 모
듈 하나당 메모리 칩 수를 늘릴 수 있다. 이에 따라 대용량과 고속 전송을 실현한다.

### LV

LV(저전압)는 일반 메모리보다도 전압을 낮추어 저전력을 실현한 메모리를 말한다.

## 메모리 표기 방법

그림 2-13을 예로 메모리 표기를 보는 법을 설명한다.

▼ **그림 2-13** 메모리 표기 예

## 메모리 삽입 방법

서버용 메모리는 종류도 많고 장착 개수가 많으므로 메모리 삽입 방법에는 몇 가지
규칙이 있다.

- 각 프로세서의 메모리 구성은 같아야만 한다.
- RDIMM 메모리와 UDIMM 메모리는 섞어서 쓸 수 없다.

- 각 채널에 탑재하는 메모리는 같은 종류로 할 필요가 있다.
- 저전압 메모리와 저전압이 아닌 메모리는 섞어서 쓸 수 있을 때가 많다.
- 원칙적으로 ECC 메모리와 비 ECC 메모리는 섞어서 쓸 수 없다.

## 메모리 선정 포인트

메모리 선정의 포인트는 다음과 같다.

### 용량

필요한 메모리 용량을 설치하도록 한다.

### 성능

메모리에 빠르게 액세스하도록 하려면 고속인 메모리를 선택하고 듀얼 채널 이상일 때는 가장 좋은 성능을 낼 수 있는 방식으로 삽입한다. 그리고 메모리 컨트롤러가 다룰 수 있는 최대 랭크 수까지 다 사용할 수 있도록 한다. 또한 다중 프로세서 환경에서 다중 채널을 구현하면 성능이 향상된다.

### 확장성

메모리 슬롯의 수는 한정되어 있으므로, 앞으로 확장이 예상될 때는 비싸더라도 대용량 메모리를 선택한다. 예를 들어 슬롯이 4개뿐인 서버에서 16GB 메모리를 사용할 때 4GB×4개의 조합으로 구성하면 남는 슬롯이 없어진다. 하지만, 8GB×2개의 조합으로 구성하면 2개의 슬롯이 남는다.

⟨Column⟩ **메모리 종류가 너무 많다**

서버 관리를 오랫동안 하다보면 오래된 서버와 새 서버가 혼재하게 된다. 서버의 세대가 변하면 사용할 수 있는 메모리도 달라지므로 그때마다 보수용 예비 메모리를 확보해 두게 된다. 그러다가 현재는 보유한 보수용 예비 메모리 종류가 수십 종류로 늘어나고 말았다. DDR3, DDR2, DDR, SDRAM. 1GB, 2GB, 4GB, 8GB, 16GB. 그 밖에도 UDIMM, RDIMM, LRDIMM, 1R, 2R, 4R 등 혼동하지 않게 관리하는 데 정말 애를 먹고 있다.

## 09 디스크의 종류

가정용 컴퓨터에서는 일반적으로 SATA 하드디스크와 SSD가 사용되지만, 업무용으로는 더 다양한 디스크가 사용된다.

## SATA 하드디스크

가격이 저렴하다. 하루 8시간 정도의 가동 용도로 사용한다. 단, SAS<sub>Serial Attached SCSI</sub> 하드디스크보다 가격이 저렴하므로 중요하지 않은 서버에서는 일부러 내장애성을 희생하고 SATA<sub>Serial ATA</sub> 하드디스크를 채용하기도 한다.

▼ 그림 2-14 SATA 3.5인치 하드디스크

## SAS 하드디스크

고속으로 동작하고 신뢰성이 높다. 24시간, 365일 가동할 용도로 사용한다.

▼ 그림 2-15 SAS 3.5인치 하드디스크

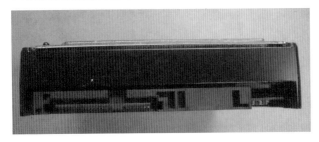

▼ **그림 2-16** SAS 2.5인치 하드디스크

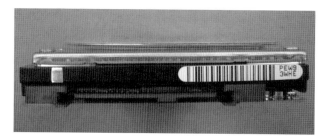

## FC 하드디스크

FC Fibre Channel 하드디스크는 초고속으로 동작하고 신뢰성이 높다. SAN 스토리지 등 엔터프라이즈 용도로 사용한다.

▼ **그림 2-17** FC 3.5인치 하드디스크

▼ **그림 2-18** 3.5인치 하드디스크와 2.5인치 하드디스크의 크기 비교

| 인터페이스 이름 | SATA | SAS | FC(Fibre Channel) |
|---|---|---|---|
| 최대 전송 속도 | 6Gbit/s | (SAS2.1) 6Gbit/s<br>(SAS3.0) 12Gbit/s | 8Gbit/s |
| 최대 케이블 길이 | 1m | 8m 정도 | 30m |
| 접속 토폴러지 | 호스트컨트롤러와 1:1 | 스타형(SAS Expander를 이용하면 SAS 포트 수 이상의 디바이스를 연결할 수 있다) | 루프형(FC—AL) / 패브릭Fabric형 (FC—SW) |
| 접속 가능 수 | 1대 | 128대(SAS Expander를 이용하면 약 16만 대까지) | 126대 / 1678만대 |
| 다중 링크(복수의 포트를 묶어 광대역으로 만드는 기능) | 미지원 | 지원 | 지원 |
| 커맨드 | ATA | SCSI | SCSI |

## 그 밖의 디스크

그 밖의 디스크로는 다음과 같은 종류가 있다.

### 니어라인 하드디스크

온라인과 오프라인의 중간 상태인 니어 온라인near-online이 정의되고, 그 상태에 적합한 하드디스크로 니어라인 하드디스크가 이용된다. 주로 아카이브의 장기 보존 용도를 전제로 하루에 몇 시간 정도의 이용을 목적으로 한 하드디스크다. 니어라인 하드디스크에는 NL–SATA와 NL–SAS가 있다.

## SSD

반도체 소자 메모리를 기억 장치에 이용한 디스크다. 빠르고 저전력으로 동작하지만 하드디스크보다 용량 단가가 몇 배에서 몇십 배나 되어 아주 비싸다. 또한 SSD<sub>Solid State Drive</sub>에는 쓰기와 지우기를 반복하면 소자가 열화되어 성능이 떨어진다는 약점이 있다. 쓰기 동작의 빈도가 높은 서버에서 저가의 가정용 SSD를 사용하면, 이런 제약 때문에 1년도 가지 못해 수명이 다하는 일도 있다. 반면 업무용 SSD는 가정용 SSD보다 훨씬 많은 횟수를 기록할 수 있다.

서버 업체에서 서버를 구매할 때 일반적으로 하드디스크는 지원 대상에 포함되지만, SSD는 지원 대상이 아니거나 보증 사용량을 설정해, 보증 기한 또는 보증 사용량에 도달하면 지원이 끝나는 것을 명기한 업체도 있으니 주의할 필요가 있다.

SSD에는 SLC<sub>Single Leve Cell</sub>와 MLC<sub>Multi Level Cell</sub>가 있다. SLC는 기억 소자 하나에 1bit 데이터를 기록하지만 MLC는 기억 소자 하나에 2bit 데이터를 기록하므로 대용량으로 만들기 쉽다는 장점이 있다. 이런 차이에 의해 SLC는 쓰기 속도가 빠르고 다시 쓰기 가능 횟수가 많다. 하지만, MLC는 쓰기 속도가 느리고 다시 쓰기 가능 횟수가 적다는 특징이 있다. 특징으로는 SLC가 뛰어나지만 가격이 비싸서 일반적으로 MLC가 많이 채용된다.

▼ **그림 2-19** SSD(사진 제공: 인텔)

## 엔터프라이즈 플래시 메모리 스토리지

엔터프라이즈 용도로 비휘발성 메모리(NAND 플래시 메모리<sub>Flash Memory</sub>)가 사용된 초고속 저장 장치다. SSD는 SATA 인터페이스 등으로 연결하지만 엔터프라이즈 플래시 메모리 스토리지는 PCI Express 인터페이스로 연결하는 것이 많다. 엔터프라이즈 플래시 메모리 스토리지로 특히 유명한 것은 퓨전아이오<sub>Fusion-io</sub> 사의 ioDrive 시리즈다.

▼ **그림 2-20** ioDrive II Duo(사진 제공: Fusion-io)

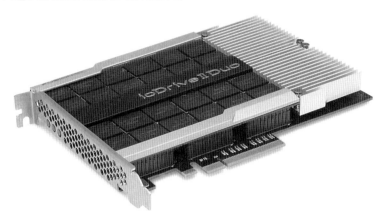

# 10 | RAID

RAID는 성능과 내장애성을 높이기 위한 목적으로 이용된다.

## RAID 레벨

기본적으로 RAID 레벨은 0, 1, 2, 3, 4, 5, 6까지 일곱 가지가 있다. 또한 RAID0과 다른 RAID 레벨을 조합한 RAID10(1+0), RAID50(5+0), RAID60(6+0)이라는 것도 있다. 각 RAID 레벨에 관한 설명은 표 2–9와 같다.

▼ 표 2–9 RAID 레벨

| RAID | 설명 | 용도 |
|---|---|---|
| 0 | 내장애성이 없는 디스크 어레이 (스트라이핑) | 디스크 I/O 성능을 높여야 할 때 사용된다. 내장애성이 낮다. 로그 집계 등의 임시 저장 영역에 사용한다. |
| 1 | 이중화(미러링) | 내장애성이 높다. 운영체제가 설치된 파티션 등에 사용한다. |
| 2 | 비트 단위 전용 오류 보정 부호 드라이브(ECC) | 거의 사용되지 않는다. |
| 3 | 비트/바이트 단위 전용 패리티 드라이브 | 거의 사용되지 않는다. |
| 4 | 블록 단위 전용 패리티 드라이브 | 거의 사용되지 않는다. |
| 5 | 블록 단위 패리티 정보 기록 | 저장 용량을 넉넉하게 확보하고자 할 때 사용한다. 파일 서버나 로그 저장 등에 사용한다. |
| 6 | 블록 단위에서 두 가지 패리티 정보 기록 | RAID5와 용도는 같지만 RAID5보다 내장애성이 높다. |
| 10 | RAID1을 스트라이핑한 것 | 내장애성과 디스크 I/O 성능을 모두 만족해야 할 때 사용한다. 데이터베이스 등에 사용한다. |
| 50 | RADI5를 스트라이핑한 것 | 저정 용량 확보와 디스크 I/O 성능을 모두 만족해야 할 때 사용한다. 파일 서버나 로그 저장 등에 사용한다. |
| 60 | RAID6을 스트라이핑한 것 | |

500GB 디스크를 12개 사용할 때, RAID 레벨에 따른 실제 용량은 다음 표 2-10과 같다.

▼ 표 2-10 500GB 디스크 12개를 사용할 때의 실제 용량

| RAID | 계산식 | 실제 용량 |
|---|---|---|
| 0 | 500GB × 12개 | 6TB |
| 1 | 구성 불가능. RAID10으로 구성 | — |
| 5 | 500GB × (12—1)개 | 5.5TB |
| 6 | 500GB × (12—2)개 | 5TB |
| 10 | 500GB × (12÷2)개 | 3TB |
| 50 | 500GB × ((3—1)×4)개 | 4TB |
| | 500GB × ((4—1)×3)개 | 4.5TB |
| | 500GB × ((6—1)×2)개 | 5TB |

실제 용량 2TB을 준비하는 데 필요한 500GB 디스크의 개수는 다음 표 2-11과 같다.

▼ 표 2-11 실제 용량 2TB를 준비하는 데 필요한 500GB 디스크 개수

| RAID | 수량 | 스트라이핑 개수 | 비용 | 내장애성 |
|---|---|---|---|---|
| 0 | 4개 | 4개 | 가장 싸다. | 없다. |
| 1 | 구성 불가능<br>RAID10으로 구성한다. | — | — | — |
| 5 | 5개 | 5개 | 중간 | 약간 낮다. |
| 6 | 6개 | 5개 | 중간 | 높다. |
| 10 | 8개 | 4세트 | 가장 높다. | 높다. |
| 50 | 6개 | 2세트 × 3개 | 중간 | 조금 낮다. |

## RAID의 성능

RAID를 구성하면 디스크 I/O 성능을 높일 수 있다. 디스크 I/O 성능이란 서버와 스토리지 사이에 주고받는 데이터의 읽기 쓰기 성능을 가리키고, 특히 1초당 처리할 수 있는 I/O 수치를 IOPS Input/Output Per Second 라고 부른다.

디스크 하나를 사용할 때보다 두 개를 병렬로 연결해 사용할 때 이론상 두 배 빠르게 디스크를 읽고 쓸 수 있게 된다. 마찬가지로 8개의 디스크를 이용하면 이론상 여덟 배의 속도가 된다.

이처럼 디스크를 병렬로 여러 개 사용할 때의 디스크 수를 '스트라이핑 개수'라고 부르고, 스트라이핑 개수를 늘릴수록 디스크 I/O 성능이 높아진다.

## RAID5와 RAID10

디스크 용량이 대량으로 필요할 때는 RAID5나 RAID10 중 하나가 주로 검토된다.

일반적으로 RAID5는 실제 용량을 많이 확보할 수 있는 대신 속도가 느리고, RAID10은 실제 용량이 줄어드는 대신 속도가 빠르다. 단, 몇 개의 디스크로 RAID를 구성하느냐에 따라서 상황은 달라지고, RAID 컨트롤러 설치에 따라서도 차이가 있으므로 일괄적으로 말할 수는 없다.

여기서는 1TB 하드디스크 여덟 개를 사용하는 예를 생각해본다.

### RAID5

- 실제 용량: 7TB(8- 1= 7)
- 응답 속도: 스트라이핑 수가 RAID10에서는 4개지만 RAID5에서는 7개가 된다. 스트라이핑 수에 차이가 있으므로 읽기 속도는 RAID5 쪽이 빠를 때가 많지만, 쓰기 속도는 패리티 처리 부담이 커서 RAID10보다 떨어질 때가 많다.
- 내장애성: RAID10과 비교하면 크게 떨어진다.
- 비용: RAID10과 비교하면 실제 용량에 비해 비교적 싸다.

## RAID10

- 실제 용량: 4TB(8 ÷ 2 = 4)
- 응답 속도: 스트라이핑 수에 차이가 있으므로 읽기 속도는 RAID5보다 떨어지지만 쓰기 속도는 RAID5보다 뛰어날 때가 많다.
- 내장애성: RAID5와 비교하면 크게 우수하다.
- 비용: RAID5와 비교하면 실제 용량에 비해 비교적 비싸다.

## RAID5와 RAID6

RAID5는 패리티 정보를 한 종류만 이용하지만, RAID6은 패리티 정보를 두 종류 이용하므로 보통은 RAID6 쪽이 우수하다고 한다. 하지만, RAID6 쪽이 반드시 RAID5보다 우수하다고 단언할 수 없는 부분이 있다.

### RAID5

- 패리티 정보: 1종류
- 응답 속도: 패리티 정보가 적은 만큼 RAID6보다 빠르다.
- 내장애성: 디스크가 동시에 두 개 이상 고장나면 데이터 영역이 망가지므로 RAID6보다 내장애성이 낮다. 단, RAID 구성이 깨져서 하드디스크 복구 업자에게 데이터 복구를 의뢰하면 복구에 성공할 가능성이 RAID6보다 높다.

### RAID6

- 패리티 정보: 2종류
- 응답 속도: 패리티 정보가 많은 만큼 RAID5보다 느리다.
- 내장애성: 디스크가 동시에 세 개 이상 고장나기 전까지 데이터 영역이 망가지지 않으므로, RAID5보다 내장애성이 높다. 단, RAID 구성이 깨져서 하드디스크 복구 업자에게 데이터 복구를 의뢰하면 복구의 패리티 정보를 해석하는 부담이 늘어나 복구에 성공할 가능성이 RAID5보다 낮다.

<Column> **RAID6을 고안한 사람은 불명확하다**

'RAID6의 정확한 정의가 뭘까?' 문득 생각했다.

잘 알려진 RAID6의 정의는 '패리티 정보를 두 개의 디스크에 저장하므로, 디스크 두 개가 고장나도 데이터가 소실되지 않는다'라는 것이다. 하지만, 모호한 것은 어떤 패리티 정보를 디스크에 기록하는가다. 이에 관해서는 문헌에 따라 내용에 차이가 있다. 예를 들어 'RAID5의 패리티 정보를 하나 더 다른 디스크에 저장한 것이 RAID6이다'라고 하기도 하고 'RAID5의 패리티 정보와 다른 알고리즘으로 계산한 패리티 정보를 다른 디스크에 저장한 것이 RAID6이다'라고 하기도 한다.

RAID0~RAID5에 관해서는 명확한 정의가 있다. 위키피디아(http://en.wikipedia.org/wiki/RAID)에서는 RAID의 유래를 다음과 같이 설명한다.

> RAID라는 용어는 1987년 캘리포니아 대학 버클리 캠퍼스의 데이비드 패터슨David Patterson, 가스 깁슨Garth A. Gibson, 랜디 카츠Randy H. Katz에 의해 처음 사용되어, 논문 「A Case for Redundant Arrays of Inexpensive Disks(RAID)」에 등장한다.

하지만, RAID6은 언제 어디서 누가 정의했는지 명확히 밝힌 문헌이 없었다. 그 점을 근거로 여러 가지 조사를 해보니, 영문판 위키피디아(http://en.wikipedia.org/wiki/RAID_6#RAID_6)에 기술된 내용이 가장 신빙성이 있어 보였다. 해당 페이지의 [Implementation]에는 다음과 같이 기술되어 있다.

> According to the Storage Networking Industry Association (SNIA), the definition of RAID 6 is: "Any form of RAID that can continue to execute read and write requests to all of a RAID array's virtual disks in the presence of any two concurrent disk failures. Several methods, including dual check data computations (parity and Reed-Solomon), orthogonal dual parity check data and diagonal parity, have been used to implement RAID Level 6.

요약하면, '스토리지 네트워킹 산업협회(SNIA)에 따르면 RAID6의 정의는 두 개의 가상 디스크에서 읽기 쓰기에 실패하더라도 처리를 계속할 수 있고, RAID6 레벨 구현에는 대각 패리티 체크를 포함한 몇 가지 방법이 사용된다'는 것이다.

다시 말해, RAID6이란 두 개의 디스크가 고장나도 RAID 구성이 깨지지 않는다면 어떻게 구현해도 상관없다는 말이 된다. 결론적으로 패리티 정보를 저장하는 방법은 업체마다 구현 방법이 다를 수 있다.

# 11 | 가상화

한 대의 물리 서버에는 보통 하나의 운영체제만 가동할 수 있다. 반면 가상화 기술을 사용하면, 한 대의 물리 서버에서도 여러 개의 게스트 운영체제를 가동할 수 있다. 이것을 '서버 가상화'라고 부른다.

가상화 환경에서는 물리 서버가 제공하는 CPU, 메모리, 네트워크, 디스크 등의 하드웨어 자원을 각 게스트 운영체제에 자유롭게 할당한다. 여러 운영체제마다 물리 서버를 준비하는 것과 비교했을 때, 한 물리 서버의 하드웨어 자원을 최대한 활용할 수 있는 가상화를 잘 이용하면 비용을 많이 줄일 수 있다.

## 물리 서버와 가상 서버의 특징

물리 서버와 가상 서버의 특징은 다음과 같다.

### 물리 서버

CPU 사용률과 디스크 I/O 부하, 디스크 사용 용량이 많은 용도에 적합하다. 주된 용도는 데이터베이스 서버, 애플리케이션 서버 등이다.

### 가상 서버

CPU 사용률과 디스크 I/O 부하, 디스크 사용 용량이 적은 용도에 적합하다. 가상 서버의 주된 용도는 웹 서버, 개발 서버, 메모리 DB 등이다.

## 물리 서버를 가상화할 때의 장점과 단점

물리 서버를 가상화할 때의 장점과 단점을 알아보자.

## 장점

물리 서버를 가상화할 때의 장점은 다음과 같다.

- 비용을 줄일 수 있다.
- 게스트 운영체제의 하드웨어 자원을 쉽게 늘리거나 줄일 수 있다.
- 물리 서버는 하드웨어가 노후화되므로 일정 기간이 지나면 하드웨어를 교체해야 한다. 하지만, 게스트 운영체제는 다른 새로운 물리 서버에 가상화 환경을 준비한 다음 간단히 옮길 수 있다.

## 단점

물리 서버를 가상화할 때의 단점은 다음과 같다.

- 다른 게스트 운영체제가 하드웨어 자원을 많이 사용하면, 다른 게스트 운영체제의 동작이 불안정해진다.
- 한 번 만들어진 게스트 운영체제는 이후에 사용하지 않아도 삭제되지 않고 그대로 남기가 십상이다.[1]

## 가상화 모델

가상화를 구현하려면 하드웨어 자원 및 게스트 운영체제를 관리하는 프로그램이 필요하다.

윈도와 리눅스 같은 일반 운영체제에 게스트 운영체제를 관리하는 프로그램을 설치해서 가상화하는 방식을 '호스트 운영체제 타입'이라고 부른다. 호스트 운영체제상에서 다른 애플리케이션처럼 가상화 환경을 다룰 수 있어 손쉽게 구현할 수 있지만, 호스트 운영체제를 중간에 두는 것인만큼 동작에 오버헤드가 생겨서 동작 속도가 떨어질 때가 있다.

---

1  이는 가상화의 단점이라고 하기보다는 관리상의 문제다. 물리 서버에서도 철거되지 않고 그대로 남는 예가 있다. 하지만, 가상 서버는 눈에 보이지 않는 만큼 관리가 잘 되지 않는 경향이 있다. 결과적으로 물리 서버보다 사용하지 않는 서버가 없어지지 않고 남기 쉽다.

호스트 운영체제 대신 가상화 전용 운영체제를 사용하는 방식을 '하이퍼바이저 타입'이라고 부른다. 호스트 운영체제 타입처럼 중간에 개입하는 운영체제가 없으므로 빠른 동작 속도를 기대할 수 있다.

개인이 사용하는 PC에서 가상화를 구현할 때는 비교적 호스트 운영체제 타입을 채용하는 경우가 많지만, 서버 용도로 사용할 때는 하이퍼바이저 타입을 채용하는 일이 많다.

▼ 그림 2-21 가상화 모델 비교

## 가상화 환경의 종류

서버 가상화를 실현하는 다양한 방식이 있지만, 여기서는 현재 주류인 상용 소프트웨어 두 가지와 오픈 소스 두 가지를 소개한다. 여기서 소개할 상용 소프트웨어는 다음 두 가지다.

- VMware vSphere(VMware사)
- Hyper-V(Microsoft사)

오픈 소스는 다음 두 가지다.

- Xen(Linux Foundation)
- KVM(Qumranet...Red Hat사의 자회사)

## VMware vSphere

VMware vSphere를 제공하는 VMware사는 가상화 업계의 리더적 입장이라고 말할 수 있다. vSphere 제품의 안정성과 편리성은 업계 내에서도 최고 수준이다.

VMware사의 제품은 다양한 종류가 있지만 일반적으로 하이퍼바이저인 VMware vSphere와 종합 관리 도구인 VMware vCenter Server를 구매한다. VMware vSphere에서는 물리 서버에 설치된 CPU의 개수만큼 라이선스가 필요하다. 초기 도입 시에는 VMware vSphere와 VMware vCenter Server의 라이선스가 포함된 Essential Kit이나 Acceleration Kit을 구매할 수 있다.

▼ **그림 2-22** VMware를 사용할 때 구입이 필요한 라이선스 수량

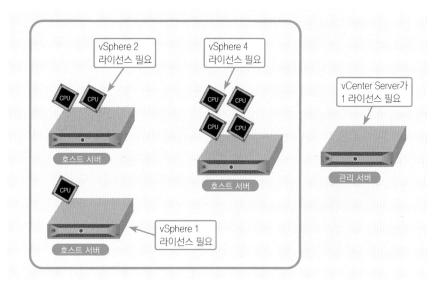

각 라이선스 비용은 대리점에 확인할 필요가 있다.

URL http://www.vmware.com/kr/partners/

또한 vSphere는 60일간 평가판을 사용할 수 있다.

URL https://my.vmware.com/kr/web/vmware/evalcenter?p=vsphere-55

## Hyper-V(Windows Server 2012)

Hyper-V(Windows Server 2012)는 마이크로소프트Microsoft가 제공하는 가상화 솔루션이다. Windows Server 2012에서는 Datacenter Edition을 도입해 하이퍼바이저로 가동하면, 추가 비용 없이 무제한으로 Windows Server를 게스트 운영체제로 가동할 수 있는 권리가 부여된다. 이는 Windows Server를 게스트 운영체제로 많이 다루는 환경일수록 비용상 이익을 기대할 수 있다.

DataCenter Edition은 하나의 라이선스당 호스트 운영체제에 탑재할 수 있는 물리 CPU의 수는 2개까지다. 따라서 4개의 CPU를 탑재한 서버라면 두 개의 라이선스를 구매해야만 한다.

▼ 그림 2-23 Hyper-V를 사용할 때 구매해야 하는 라이선스 수

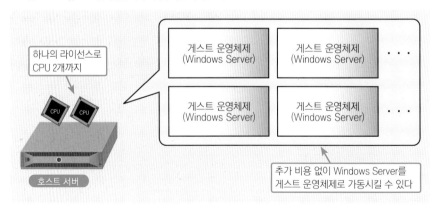

또한 Windows 2012는 180일간 평가판을 사용할 수 있다.

URL http://technet.microsoft.com/ko-kr/evalcenter/dn205286.aspx

## Hyper-V(Hyper-V Server 2012)

Hyper-V(Hyper-V Server 2012)에는 무료 버전도 있다. Hyper-V Server 2012 는 Windows Server 2012에서 가상화 실행 환경만 뽑아서 제공된다. GUI<sub>Graphical User Interface</sub>가 제공되지 않으므로 기본적으로 커맨드 셸 및 파워 셸을 이용하는 CLI<sub>Command Line Interface</sub>로 관리해야 한다.

Hyper-V Server 2012에서는 Windows Server 2012와 달리, 게스트 운영체제로 가동할 Windows Server의 라이선스를 별도로 구매할 필요가 있다.

## Xen

Xen젠은 캠브리지 대학교의 연구 프로젝트로 시작되어 2003년 Xen의 첫 공식 버전이 공개되었다. 개발자들은 XenSource를 설립해 Xen을 지원했고, 2007년 10월 25일 시트릭스 시스템즈<sub>Citrix Systems</sub>는 XenSource를 사들인 후 Xen 프로젝트를 http://www.xen.org/로 옮겼다.

2013년 4월 15일 리눅스를 보급하고 개발을 지원하는 비영리단체 리눅스 재단<sub>Linux Foundation</sub>은 Xen 개발 프로젝트를 재단에서 지원하는 공동 프로젝트로 할 것임을 발표했다. 현재 AWS<sub>Amazon Web Services</sub>(아마존 웹서비스)와 시스코 시스템즈<sub>Cisco Systems</sub>, Goolge과 같은 기업이 Xen 프로젝트 지원을 표명하고 있다.

특히, Xen은 Iaas형 클라우드로서 세계 최대 규모를 자랑하는 Amazon EC2에서 이용하는 것으로도 유명하다.

리눅스 커널 3계열에서는 Xen 코드가 병합되었고, 커널 3계열에서는 커널을 변경하지 않아도 Xen의 호스트 운영체제/게스트 운영체제 어느 것으로나 이용할 수 있게 되었다.

## KVM

KVM<sub>Kernel-BASEd Virtual Machine</sub>은 이스라엘의 쿰라넷<sub>Qumranet</sub>사에서 개발되었다. KVM은 Xen이 발표되고 3년 후인 2006년에 공개되었다. 하지만, 불과 2개월만에 리눅스 커널에 포함되어 2007년에 공개된 리눅스 커널 2.6.20에서는 이미 표준 기능이 되었다.

2008년 9월 레드햇<sub>Red Hat</sub>사는 KVM을 개발한 쿰라넷을 사들였고, 2010년에 발표된 레드햇 엔터프라이즈 리눅스(RHEL) 버전 6 이후로는 Xen의 지원을 중단하고 KVM만 지원하고 있다.

## 가상화 환경을 선택하는 방법

가상화 환경을 선택할 때는 실제 환경에 맞게 판단해야 한다.

### VMware와 Hyper-V

기본적으로 윈도와 리눅스가 섞여 있는 환경에서는 VMware를 선택하고, 윈도가 중심인 환경에서는 Hyper-V를 선택하는 것이 비용면에서 이득이다.

시스템의 안정성이라는 관점에서는 두 제품 모두 엔터프라이즈 용도를 목적으로 하는 제품이기에 비교적 안정되어 있다는 것이 주관적인 평가다. 기능면에서도 둘 다 경쟁 관계인 점도 있어, 중요한 기능은 양 쪽 모두 지원하는 경향이 있으므로 기능의 차이를 보고 결정하기도 어렵다.

따라서 두 제품 중 하나를 선택할 때는 일상적인 운영에서 발생하는 다양한 작업을 파악해서 실제로 조작해보고 쓰기 쉬운 쪽을 고르는 방법을 권하고 싶다.

## Xen과 KVM

리눅스가 중심인 환경이고 또한 초기 도입 비용을 들이고 싶지 않을 때는 Xen이나 KVM을 선택하는 것이 좋은 생각이다. 특히, 레드햇 엔터프라이즈 리눅스$_{RHEL}$를 사용할 때는 레드햇에서 전면적으로 지원하는 KVM을 선택하는 것이 최선이다.

두 제품 모두 세계적으로 매우 많은 운영 실적이 있으므로, 시스템의 안전성이나 기능면에서 둘 다 잘 다듬어졌다고 할 수 있다. 따라서 두 제품 중 하나를 선택할 때는 실제로 사용해보고 사용하기에 편하게 느껴지는 것을 선택하는 방법을 권한다.

# 12 | 클라우드: IaaS

클라우드 컴퓨팅은 일반적으로 인터넷을 거쳐서 제공되는 컴퓨터 자원을 이용하는 것이라고 정의할 수 있다. 클라우드는 SaaS, PaaS, IaaS 세 가지로 분류된다. 각 차이점은 다음과 같다.

## SaaS

SaaS Software as a Service는 애플리케이션을 서비스로서 제공한다 .

## PaaS

PaaS Platform as a Services는 애플리케이션 실행 환경을 서비스로서 제공한다.

## IaaS

IaaS Infrastructure as a Service는 시스템 인프라를 서비스로서 제공한다.

▼ **그림 2-24** SaaS, PaaS, IaaS 비교

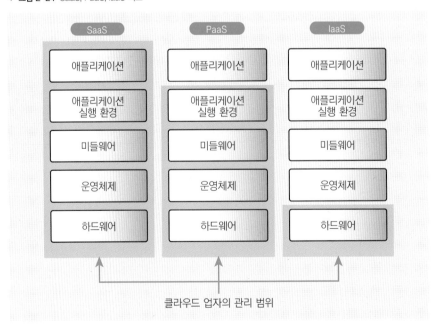

이 책에서는 이 중에서 IaaS에 관해 설명한다.

## IaaS의 특징

IaaS의 특징은 다음과 같다.

- 사내에 물리 서버를 두지 않아도 사용할 수 있으므로, 물리 서버를 관리하는 엔지니어가 필요 없다.
- 이용 신청을 하면, 단기간에 운영체제가 설치된 상태로 바로 사용할 수 있다.
- 사내에 물리 서버를 두지 않으므로, 물리적 제약을 의식하지 않고 이용하고 싶은 만큼 서버를 증강할 수 있다.
- 사용한 만큼 비용이 발생하는 종량과금제다.
- 사내에 서버 자산을 보유하지 않으므로, 서버를 살 때 발생하는 감가상각 처리가 필요 없고 클라우드 이용료는 그대로 비용 처리할 수 있다.

## 클라우드 환경에서의 인프라 이용

IaaS에서는 클라우드 업체로부터 서버의 인스턴스나 물리 서버의 사용권을 빌려서, 원격에서 각종 설정을 해서 서버의 기능을 사용할 수 있다.

일반적으로 직접 서버를 소유해서 관리할 때는 우선 네트워크 환경을 구축하고, 물리 서버를 구매해서 장착한 후, 운영체제를 설치하고 설정하는 절차를 밟게 된다. 하지만, IaaS를 이용하면 이런 일련의 흐름을 생략하고 클라우드 업체에서 이미 운영체제가 설치된 상태로 계정을 제공받아 곧바로 서버를 사용할 수 있게 된다.

▼ **그림 2-25** IaaS의 이미지

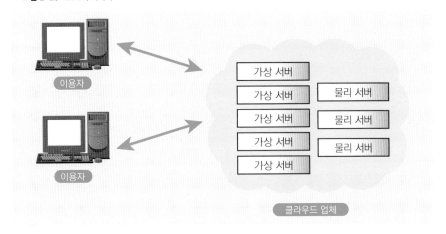

## AWS

IaaS에서 가장 영향력이 있는 것은 미국 아마존 사의 아마존 웹 서비스다. 세계 1위의 점유율은 물론이고, 다른 많은 IaaS 업체는 AWS의 서비스 체계를 참고로 해 서비스를 구성한다고 해도 과언이 아니다.

AWS의 서비스 거점은 세계에 몇 군 데 있고 일본에는 도쿄 리전region이 있다. 지역에 따라 단가 설정이 약간 다르다.

AWS의 핵심 서비스는 가상 서버(EC2)와 가상 스토리지(S3)다.

### Amazon EC2

Amazon EC2Amazon Elastic Compute Cloud에서는 가상 서버를 제공한다. EC2는 1시간 단위의 종량과금제를 채택하고 있다. 사용하는 운영체제와 서버 사양에 따라 단가에 차이가 있다.

▼ **표 2-12** Amazon EC2의 도쿄 리전에서의 시간당 단가(2013/7/21현재)

| | Linux / UNIX | Red Hat Enterprise Linux | SUSE Linux Enterprise Server | Windows | SQL Standard 가 설치된 Windows | SQL Web 이 설치된 Windows |
|---|---|---|---|---|---|---|
| **스탠다드 온 디맨드 인스턴스** | | | | | | |
| 스몰(기본) | $0.088 | $0.155 | $0.122 | $0.115 | $0.706 | $0.161 |
| 미디엄 | $0.175 | $0.22 | $0.234 | $0.23 | $0.821 | $0.276 |
| 라지 | $0.35 | $0.419 | $0.465 | $0.46 | $1.051 | $0.506 |
| 엑스트라 라지 | $0.70 | $0.769 | $0.815 | $0.92 | $1.511 | $0.966 |
| **2세대 스탠다드 온 디맨드 인스턴스** | | | | | | |
| 엑스트라 라지 | $0.76 | $0.829 | $0.875 | $0.98 | $1.67 | $1.026 |
| 더블 엑스트라 라지 | $1.52 | $1.635 | $1.635 | $1.96 | $3.34 | $2.052 |
| **마이크로 온 디맨드 인스턴스** | | | | | | |
| 마이크로 | $0.027 | $0.087 | $0.037 | $0.035 | N/A | $0.081 |
| **하이 메모리 온 디맨드 인스턴스** | | | | | | |
| 엑스트라 라지 | $0.505 | $0.574 | $0.62 | $0.57 | $1.161 | $0.616 |
| 더블 엑스트라 라지 | $1.01 | $1.079 | $1.125 | $1.14 | $1.731 | $1.186 |
| 쿼드러플 엑스트라 라지 | $2.02 | $2.135 | $2.135 | $2.28 | $3.462 | $2.372 |
| **하이 CPU 온 디맨드 인스턴스** | | | | | | |
| 미디엄 | $0.185 | $0.254 | $0.29 | $0.285 | N/A | $0.331 |
| 엑스트라 라지 | $0.74 | $0.855 | $0.855 | $1.14 | $2.322 | $1.232 |
| **클러스터 컴퓨트 인스턴스** | | | | | | |
| 엑스트라 라지 | $2.96 | $3.11 | $3.075 | $3.53 | $4.97 | $3.735 |
| **하이 메모리 클러스터 온 디맨드 인스턴스** | | | | | | |
| 엑스트라 라지 | $4.31 | $4.46 | $4.425 | $4.641 | $8.06 | $4.854 |
| **하이 I/O 온 디맨드 인스턴스** | | | | | | |
| 쿼드러플 엑스트라 라지 | $3.82 | $3.97 | $3.935 | $4.30 | $7.97 | $4.764 |
| **하이 스토리지 온 디맨드 인스턴스** | | | | | | |
| 엑스트라 라지 | $5.67 | $5.82 | $5.785 | $6.00 | $9.419 | $6.213 |

※http://aws.amazon.com/ko/ec2/pricing/

## Amazon S3

Amazon S3 Amazon Simple Storage Service에서는 가상 스토리지를 제공한다. S3는 월 단위 종량과금제를 채택하고 있다. 취급하는 데이터의 크기와 중요도에 따라서 단가가 다르다.

▼ 표 2-13 Amazon S3 도쿄 리전에서의 GB당 단가(2013/7/21 현재)

| | 표준 스토리지 | Reduced Redundancy 스토리지 | Glacier 스토리지 |
|---|---|---|---|
| 처음 1TB/월 | $0.100/GB | $0.080/GB | $0.012/GB |
| 다음 49TB/월 | $0.085/GB | $0.068/GB | $0.012/GB |
| 다음 450TB/월 | $0.075/GB | $0.060/GB | $0.012/GB |
| 다음 500TB/월 | $0.070/GB | $0.056/GB | $0.012/GB |
| 다음 4000TB/월 | $0.065/GB | $0.052/GB | $0.012/GB |
| 다음 5000TB/월 초과 | $0.060/GB | $0.044/GB | $0.012/GB |

※http://aws.amazon.com/ko/s3/pricing/

## 클라우드와 서버 운영

세상에 클라우드가 확산됨에 따라서 '직접 서버를 운영하는 회사가 사라지고, 언젠가는 대부분이 클라우드화되지 않을까?'라는 말을 들은 적이 있다. 하지만, 아직 현재 상황은 그렇지 않다.

클라우드에는 몇 가지 약점이 있다.

**1** 클라우드 환경을 가상화 기술로 제공하는 클라우드에서는 보통 사용되지 않는 하드웨어 자원(예를 들어 CPU 코어 수 20개 추가, 메모리 512GB 추가)이 대량으로 요구되는 스케일 업에 약하다는 특성이 있다. 단, 이런 약점을 해소하기 위해 데이터베이스 용도의 서버만은 가상 서버가 아니라 물리 서버를 제공하는 클라우드 업체도 있다.

**2** 클라우드에서는 물리 서버 관리를 클라우드 업체가 책임지므로, 물리 서버에 장애가 발생했을 때 클라우드 업체로부터 복구 완료 통지를 기다리는 수밖에 없다. 단, 물리 서버에 장애가 일어났을 때 곧바로 다른 물리 서버에서 인스턴스를 시작하는 대처 방법도 있다.

③ 클라우드 업체의 착오로 중요한 데이터가 소실될 위험이 있다. 실제로 그런 사고가 발생하므로 클라우드를 이용하는 쪽에서도 백업 등의 대책이 필요해진다.

## 클라우드에 맞지 않는 용도

클라우드에 적합하지 않는 용도로는 다음과 같은 것이 있다.

### 기밀 정보 저장

다른 회사 서버에 기밀 정보가 저장된다는 점, 데이터를 전송할 때 인터넷을 거쳐야 한다는 점 등 직접 관리할 수 없는 곳에서 기밀 정보 유출이 발생할 위험이 있다. 물론, 데이터를 암호화해서 보관하고 암호화해서 통신하는 회피 방법이 있지만, 정보 유출 위험을 모두 직접 관리하고 싶은 기업에서는 보안 정책상 클라우드를 이용하기가 어렵다.

### 대용량 파일 전송

인터넷을 통해서 데이터가 흘러가므로 사내에 서버를 설치할 때보다 파일 전송이 느려진다.

### 대규모 시스템

어느 정도 시스템 규모가 커지면 직접 장비를 보유하는 편이 비용면에서 유리하다.

## 클라우드 업체 선택법

IT 인프라를 자사에서 구축하거나 관리할 수 있는 기술이 있는 회사일 때와 그렇지 않은 회사일 때는 클라우드 벤더를 선택하는 방식이 조금 달라진다.

## IT 인프라를 자사에서 구축하거나 관리할 수 있는 기술이 있는 회사일 때

안정성, 비용, 성능, 관리 도구의 편의성, 업계 내에서의 평판 등을 종합적으로 판단해서 클라우드 업체를 고르는 것이 좋다. 아마도 클라우드 업체 중 점유율이 높은 상위 몇 개 업체에 대한 비교표를 만들고, 자신들이 중요하게 여기는 특징에 가중치를 높게 설정해서 가장 점수가 높은 업체를 이용하는 패턴이 많을 것으로 생각한다.

## IT 인프라를 자사에서 구축하거나 관리할 수 없을 때

IT 인프라를 자사에서 구축하거나 관리할 수 없을 때는 개발 회사나 MSP 업체에 인프라 운용 대행을 위임하게 된다. 그런 경우는 대행 업체로부터 추천 클라우드 업체를 제안받는 것이 좋다. 특별히 살펴봐야 할 것은 시스템 가동의 안정성과 비용이다. 안정적이고 가격이 싸다면 위임할 업체가 익숙한 클라우드 업체를 지정하는 것이 안심할 수 있다.

## 회계 처리로 생각해보는 클라우드

클라우드 도입을 고려할 때 회계 처리 구조에 관해서도 알아두면 좋을 것이다.

기업의 세전 이익은 다음과 같이 계산된다.

    세전 이익 = 매출 − 비용

그리고 세전 이익을 근거로 납세액이 결정된다.

    납세액 = 세전 이익 × 법인 세율

단, 10만 엔 이상의 기기를 구매할 때는 구매 비용 전액을 그 해에 비용으로 처리할 수 없고, 나라에서 정한 내용 연수(사용 가능 햇수, 서버는 5년)에 따라 구매 비용을 정액법, 혹은 정률법[2]으로 계산해 몇 년으로 나누어 비용을 처리할 필요가 있다. 따

---

2  정액법은 매년 일정액을 상각하는 방법이다. 정률법은 첫 해의 상각비가 가장 많고, 점차 줄어드는 상각 방법이다.

라서 현금 보유액이 적은 기업은 물리 서버를 구매할 때 현금이 한 번에 나가고, 구매한 해에 비용 처리할 수 있는 금액은 그 중의 일부가 되는 상황을 고려해야 한다.

이런 상황보다는 IaaS나 리스를 이용하면 매월 지급하는 일정액을 비용으로 처리할 수 있으므로, 자금에 여유가 없는 기업의 자금 융통이 편해진다.

▼ 표 2-14 회계 처리로 생각해보는 클라우드

| | 물리 서버 구매 | | 클라우드(Iaas) |
| --- | --- | --- | --- |
| | 자사 구입 | 리스 | |
| 자산 | 자사 자산 | 리스 회사 자산 = 자사 자산이 되지 않는다. | 클라우드 벤더 자산 = 자사 자산이 되지 않는다. |
| 캐시 플로우 | 구입 시에 일괄 지불 | 매월 일정액 지불 | 매월 일정액 지불 |
| 회계상 비용 처리 | 감가상각 | 비용 처리 | 비용 처리 |
| 회계 처리상 장점 | | 캐시 플로우를 모두 비용으로 할 수 있다. 감가상각 관리 불필요 | 캐시 플로우를 모두 비용으로 할 수 있다. 감가상각 관리 불필요 |
| 회계 처리상 단점 | 구매 시에 현금이 나가지만, 구입한 해에 현금 유출분 전부를 비용 처리할 수 없다. | 중도 해약을 할 수 없다. | |
| 이용 정지 후의 비용 | 감가상각 기간이 끝날 때까지 비용이 발생 | 계약 기간이 끝날 때까지 비용이 발생 | 계약 종료 이후는 비용이 발생하지 않는다. |
| 비고 | | 심사에 통과하지 않으면 리스 계약을 할 수 없으므로, 재무 상태에 신용이 없는 회사는 리스를 사용할 수 없다. | |

온라인 게임에서는 게임 서버, 데이터베이스 서버와 메모리 DB로 구성된 시스템을 자주 볼 수 있다. 온라인 게임의 특성은 공개하기 전까진 어느 정도 액세스가 집중될지 알 수 없다는 점이다. 자칫하면 엄청난 사용자 수가 몰릴지도 모르고, 반대로 전혀 사용자가 몰리지 않을 가능성도 있다.

이런 때, 클라우드를 이용하면 공개 전에 인스턴스를 대량으로 준비해 두고, 공개 후에 액세스 수를 보고 인스턴스 수를 늘리거나 줄이면서 적정 규모로 조정하는 방식으로 운영할 수 있다.

대부분의 클라우드 업체는 계약 후에 일정 기간을 무료로 사용할 수 있게 되어 있으므로, 무료 기간에 공개해서 사용자의 동향을 보고 적정한 인스턴스 수로 조정하는 것은 매우 효율적인 방식이다.

# 3장

## 운영체제

운영체제는 하드웨어를 제어하고 이용자에게 서버에 명령을 입력하도록 CLI와 GUI와 같은 인터페이스를 제공하는 기본 소프트웨어다. 서버를 이용하려면 서버에 어떤 운영체제든 설치할 필요가 있다.

운영체제의 종류는 다양하지만 현재 일반적으로 사용되는 운영체제는 리눅스, 윈도, 유닉스 세 가지로 거의 집약된다.

리눅스에는 레드햇, 우분투, Centos 등 다양한 배포판이 있다. 배포판이란 리눅스 커널과 각종 애플리케이션 등을 패키지로 만든 것이다. 자주 혼동하는 것이 이 배포판은 어디까지나 배포판이지 운영체제가 아니라는 점이다. 하지만, 실제 현장에서는 '우리 환경에서는 운영체제로 레드햇과 우분투가 돌아간다'라는 식으로 배포판도 운영체제의 일종으로 취급하는 것을 자주 접할 수 있다.

# 13 | 리눅스

오픈 소스의 대표적인 운영체제로는 리눅스를 제일 먼저 꼽을 수 있다. 리눅스에는 여러 가지 배포판이 있다.

- 레드햇 계열: Red hat Enterprise Linux, CentOS, Fedora, Vine Linux, Scientific Linux, Oracle Linux 등
- 데비안 계열: Debian, KNOPPIX, Ubuntu, Linux Mint 등

배포판의 종류에 따라 애플리케이션의 패키지 관리 방법에 차이가 있고 각 설치 방법에도 차이가 있다.

유상 지원 서비스가 필요할 때는 Red Hat Enterprise Linux$_{RHEL}$가 주로 선택된다. 반면에 유상 지원 서비스가 필요 없을 때는 그 밖의 배포판이 선택된다.

레드햇 계열로 분류한 배포판 대부분은 Red Hat Enterprise Linux의 소스 코드에서 라이선스와 상표에 문제가 있는 부분을 빼고 무료로 만든 것이다. 상용 운영체제의 안정성과 오픈 소스로서의 무료 운영체제의 이점을 모두 만족하므로 많은 웹 기업에서 채용하고 있다. 단, Red Hat Enterprise Linux는 패키지의 동작 안정성이 중시되므로 오픈 소스의 버전이 올라가도 곧바로 최신 버전이 제공되지 않는다. 이런 문제로 항상 최신 버전의 애플리케이션을 사용하고 싶을 때는 다른 배포판을 사용하거나 yum이나 rpm 커맨드와 같은 배포판이 제공하는 애플리케이션 설치 수단을 쓰지 않고, 직접 최신 소스 코드를 입수해 컴파일하는 식으로 운영하는 기업도 자주 볼 수 있다.

# Red Hat Enterprise Linux의 가격

Red Hat Enterprise Linux는 라이선스 구매가 아니라 서브 스크립션(정기 구독의 의미. 여기서는 기술 지원 비용을 가리킨다)을 1년 단위로 구매한다.

▼ **표 3-1** Red Hat Enterprise Linux의 가격

| 제품명 | 1년(부가세 포함 표준 가격) | 3년(부가세 포함 표준 가격) |
|---|---|---|
| | 최대 2CPU 소켓까지 | 최대 2CPU 소켓까지 |
| Red Hat Enterprise Linux Server Standard (최대 가상화 게스트 수: 1) | 101,640엔 | 289,695엔 |
| Red Hat Enterprise Linux Server Premium (최대 가상화 게스트 수: 1) | 171,150엔 | 487,830엔 |
| Red Hat Enterprise Linux Server Standard (최대 가상화 게스트 수: 4) | 163,695엔 | 466,410엔 |
| Red Hat Enterprise Linux Server Premium (최대 가상화 게스트 수: 4) | 266,070엔 | 758,205엔 |
| Red Hat Enterprise Linux Server Standard (최대 가상화 게스트 수: 무제한) | 272,895엔 | 777,630엔 |
| Red Hat Enterprise Linux Server Premium (최대 가상화 게스트 수: 무제한) | 443,520엔 | 1,263,990엔 |

# Oracle Linux의 가격

Oracle Linux도 Red Hat Enterprise Linux와 마찬가지로 서브 스크립션을 1년 단위로 구매한다.

▼ 표 3-2 물리 서버

| 기술 지원 수준 | 기술 지원 서비스<br>가격 /1년 | 기술 지원 서비스<br>가격 /3년 | 장점 |
|---|---|---|---|
| Oracle Linux Network<br>Support<br>(CPU 소켓 수 무제한) | 12,936엔 | 38,808엔 | Oracle Unbreakable Linux<br>Network(ULN)에 24시간 액세스 / 소<br>프트웨어 업데이트, 버그 수정, 보안 오<br>류 데이터 입수 / 지적소유권침해 제기<br>에 대한 종합적 손해 배상 |
| Oracle Linux Basic<br>Support Limited<br>(최대 2 CPU 소켓까지) | 54,240엔 | 162,720엔 | 오라클의 My Oracle Support(웹 페<br>이지의 고객 지원 지스템)에 24시간,<br>365일 액세스(서비스 요청(SR) 온라인<br>등록 가능) / SR 전화 등록 가능 |
| Oracle Linux Basic<br>Support Limited<br>(CPU 소켓 수 무제한) | 130,332엔 | 390,996엔 | |
| Oracle Linux Premier<br>Support Limited<br>(최대 2 CPU 소켓까지) | 152,064엔 | 456,192엔 | Oracle Linux Basic Support의<br>모든 장점 / 수정의 백포트 / 무기한<br>Sustaining Support / Ksplice에 의<br>한 다운 타임 제로 업데이트 |
| Oracle Linux Premier<br>Support<br>(CPU 소켓 수 무제한) | 249,888엔 | 749,664엔 | |

▼ 표 3-3 가상 서버

| 기술 지원 수준 | 기술 지원 서비스<br>가격 /1년 | 기술 지원 서비스<br>가격 /3년 | 장점 |
|---|---|---|---|
| Oracle Linux Premier<br>Support Limited<br>(최대 2 CPU 소켓까지) | 65,112엔 | 195,336엔 | Oracle Linux Basic Support의<br>모든 장점 / 수정의 백포트 / 무기한<br>Sustaining Support / Ksplice에 의<br>한 다운 타임 제로 업데이트 |
| Oracle Linux Premier<br>Support Limited<br>(CPU 소켓 수 무제한) | 130,332엔 | 390,996엔 | |

# 14 | 윈도 서버

윈도 서버Windows Server는 마이크로소프트가 제공하는 서버용 운영체제다. 리눅스/유닉스와 윈도의 큰 차이는 GUI 조작이라고 하던 시절도 있었지만, 현재는 리눅스/유닉스도 GUI 조작을 할 수 있는 환경을 어느 정도 갖추고 있다. 따라서 더는 GUI가 운영체제의 차이를 특징짓는 최대 요소라고 말할 수 없게 되었다. 하지만, 윈도 서버의 GUI를 리눅스의 GUI와 비교하면 평소 익숙한 PC용 윈도 운영체제의 GUI를 따르고 있기 때문에 서버 운영체제 사용에 익숙하지 않은 사람에게는 확실히 윈도 서버가 다른 운영체제보다 문턱이 낮은 측면이 있다.

## 윈도 서버 선정 이유

윈도 서버는 주로 다음과 같은 때에 선정된다.

### 윈도 서버에서 실행되는 소프트웨어를 사용하고 싶다

Exchange Server, Sharepoint, SQL Server 같은 마이크로소프트의 제품을 사용하고 싶거나, 오라클 데이터베이스나 각사의 소프트웨어처럼 윈도나 리눅스 등 여러 운영체제에서 가동하는 제품을 윈도 서버에서 사용하고 싶을 때 윈도 서버를 선택한다.

### 닷넷(.NET) 프레임워크를 사용하고 싶다

마이크로소프트는 닷넷 프레임워크.NET Framework라는 애플리케이션 개발 및 실행 환경을 제공한다. 닷넷은 업무 애플리케이션을 개발할 때 자주 사용되는 기능을 패키지로 묶은 것이다. 복잡한 업무 애플리케이션을 단기간에 쉽게 개발할 수 있는 특징이 있어서 SI 계통에서 많이 채용된다.

## 액티브 디렉터리 환경을 사용하고 싶다

액티브 디렉터리Active Directory란 마이크로소프트가 개발한 디렉터리 서비스 시스템이다. 오피스 환경에서 윈도 PC나 프린터, 서버 같은 하드웨어 자원과 사용자의 각종 권한을 관리하고 싶을 때 액티브 디렉터리가 사용된다.

## 윈도 서버의 라이선스 체계

윈도 서버의 라이선스 체계는 윈도 서버 2012부터 매우 단순해졌다. 특기할 만한 것은 윈도 서버 2008에서는 Standard Edition과 Enterprise Edition으로 나뉘어 있던 것이 Windows Server 2012에서는 Standard Edition으로 일원화되었다.

▼ **그림 3-1** Standard Edition과 Enterprise Edition이 일원화되었다

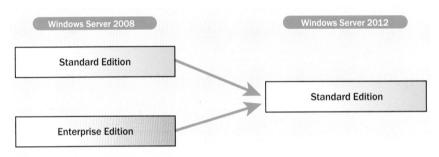

따라서 Windows Server 2012의 라이선스 체계는 기본적으로 Standard Edition과 Datacenter Edition 두 가지로 집약되었다. 어떤 에디션이든 물리 서버의 CPU 두 개까지 라이선스 하나로 다룰 수 있다. CPU가 두 개를 넘어가는 서버에서는 CPU 두 개당 라이선스 하나를 추가로 구매해야 윈도 서버를 이용할 수 있게 된다.

또한 Windows Server 2012에서는 가상화 환경에서의 라이선스 체계를 이해하기 쉽게 되었다. Standard Edition에서는 한 라이선스당 두 개의 게스트 운영체제에서 윈도 서버를 사용할 수 있고, Datacenter Edition에서는 게스트 운영체제상에서 윈도 서버를 추가 비용 없이 무제한 사용할 수 있다.

Windows Server 2012의 에디션은 다음과 같다.

▼ **표 3-4** Windows Server 2012의 기능 비교와 개요

| 에디션 | 기능 비교 | 개요 |
|---|---|---|
| DataCenter | 무제한 가상 인스턴스. 모든 기능 | 고도로 가상화된 사설 클라우드 환경용 |
| Standard | 두 개의 가상 인스턴스. 모든 기능 | 약한 가상화 혹은 전혀 가상화되지 않은 환경용 |
| Essentials | 2 프로세서. 제한된 기능 | 프로세서 수가 최대 2개인 서버에서 동작하고, 사용자 수가 25인 이내인 소규모 비즈니스용 |
| Foundation | 1 프로세서. 제한된 기능 | 싱글 프로세서 서버에서 동작하고 사용자 수가 15인 이내인 소규모 비즈니스용 |

▼ **표 3-5** Windows Server 2012 상세 비교

| 에디션 | 라이선스 모델 | 참고가격 (엔) | 물리 인스턴스 개수 | 가상 인스턴스 개수 | CPU 소켓 | 볼륨 라이선스 | OEM | 소매 | SPLA |
|---|---|---|---|---|---|---|---|---|---|
| Datacenter | 프로세서 +CAL | 925,000 | 1 | 무제한 | 2 ×1 | ○ | ○ | × | ○ |
| Standard | 프로세서 +CAL | 170,000 | 1 | 2 | 2 × 1 | ○ | ○ | ○ | ○ |
| Essentials | 서버 최대 25 유저 | 96,200 | 1 | 1 | 2 | ○ | ○ | ○ | ○ |
| Foundation | 서버 최대 15 유저 | OEM만 | 1 | 0 | 1 | × | ○ | × | × |

## 지원 생애 주기

마이크로소프트의 각 제품에는 지원 기간이 설정되어 있어, 일반 지원 종료일까지는 기능 확장이 제공되고 연장 지원 종료일까지는 보안 패치가 제공된다. 연장 지원 종료일 이후에는 보안 취약점이 발견되어도 새로운 패치가 제공되지 않으므로, 연장 지원 종료일 전에 새로운 윈도 서버 버전으로 업데이트할 필요가 있다.

| 제품명 | 지원 시작일 | 일반 지원 종료일 | 연장 지원 종료일 | 서비스팩 지원 종료일 |
|---|---|---|---|---|
| Hyper-V Server 2012 | 2012/10/30 | 2018/1/9 | 2023/1/10 | |
| Windows Server 2003 R2 Datacenter Edition (32-Bit x86) | 2006/3/5 | 2010/7/13 | 2015/7/14 | 2009/4/14 |
| Windows Server 2003 R2 Datacenter Edition with Service Pack 2 | 2007/3/13 | ※1 | ※1 | |
| Windows Server 2003 R2 Datacenter x64 Edition | 2006/3/5 | 2010/7/13 | 2015/7/14 | 2009/4/14 |
| Windows Server 2003 R2 Datacenter x64 Edition with Service Pack 2 | 2007/3/13 | ※1 | ※1 | |
| Windows Server 2003 R2 Enterprise Edition (32-Bit x86) | 2006/3/5 | 2010/7/13 | 2015/7/14 | 2009/4/14 |
| Windows Server 2003 R2 Enterprise x64 Edition | 2006/3/5 | 2010/7/13 | 2015/7/14 | 2009/4/14 |
| Windows Server 2003 R2 Standard Edition (32-bit x86) | 2006/3/5 | 2010/7/13 | 2015/7/14 | 2009/4/14 |
| Windows Server 2003 R2 Standard x64 Edition | 2006/3/5 | 2010/7/13 | 2015/7/14 | 2009/4/14 |
| Windows Server 2003 Service Pack 1 | 2005/3/30 | 대상 외 | 대상 외 | 2009/4/14 |
| Windows Server 2003 Service Pack 1 for Itanium-BASEd Systems | 2005/5/13 | 대상 외 | 대상 외 | 2009/4/14 |
| Windows Server 2003 Service Pack 2 | 2007/3/13 | ※1 | ※1 | |
| Windows Server 2003 Service Pack 2 for Itanium-BASEd Systems | 2007/3/13 | ※1 | ※1 | |
| Windows Server 2003 Service Pack 2 x64 Edition | 2007/3/13 | ※1 | ※1 | |

❍ 계속

| 제품명 | 지원 시작일 | 일반 지원 종료일 | 연장 지원 종료일 | 서비스팩 지원 종료일 |
|---|---|---|---|---|
| Windows Server 2003, Datacenter Edition (32-bit x86) | 2003/5/28 | 2010/7/13 | 2015/7/14 | 2007/4/10 |
| Windows Server 2003, Datacenter Edition for Itanium-BASEd Systems | 2003/6/19 | 2010/7/13 | 2015/7/14 | 2007/4/10 |
| Windows Server 2003, Datacenter x64 Edition | 2005/5/28 | 2010/7/13 | 2015/7/14 | 2009/4/14 |
| Windows Server 2003, Enterprise Edition (32-bit x86) | 2003/5/28 | 2010/7/13 | 2015/7/14 | 2007/4/10 |
| Windows Server 2003, Enterprise Edition for Itanium-BASEd Systems | 2003/6/19 | 2010/7/13 | 2015/7/14 | 2007/4/10 |
| Windows Server 2003, Enterprise x64 Edition | 2005/5/28 | 2010/7/13 | 2015/7/14 | 2009/4/14 |
| Windows Server 2003, Standard Edition (32-bit x86) | 2003/5/28 | 2010/7/13 | 2015/7/14 | 2007/4/10 |
| Windows Server 2003, Standard x64 Edition | 2005/5/28 | 2010/7/13 | 2015/7/14 | 2009/4/14 |
| Windows Server 2003, Web Edition | 2003/5/28 | 2010/7/13 | 2015/7/14 | 2007/4/10 |
| Windows Server 2008 Datacenter | 2008/5/6 | 2015/1/13 | 2020/1/14 | 2011/7/12 |
| Windows Server 2008 Datacenter without Hyper-V | 2008/5/6 | 2015/1/13 | 2020/1/14 | 2011/7/12 |
| Windows Server 2008 Enterprise | 2008/5/6 | 2015/1/13 | 2020/1/14 | 2011/7/12 |
| Windows Server 2008 Enterprise without Hyper-V | 2008/5/6 | 2015/1/13 | 2020/1/14 | 2011/7/12 |
| Windows Server 2008 for Itanium-BASEd Systems | 2008/5/6 | 2015/1/13 | 2020/1/14 | 2011/7/12 |
| Windows Server 2008 Foundation | 2009/5/21 | 2015/1/13 | 2020/1/14 | 2011/7/12 |

➲ 계속

| 제품명 | 지원 시작일 | 일반 지원 종료일 | 연장 지원 종료일 | 서비스팩 지원 종료일 |
|---|---|---|---|---|
| Windows Server 2008 R2 Datacenter | 2009/10/22 | 2015/1/13 | 2020/1/14 | 2013/4/9 |
| Windows Server 2008 R2 Enterprise | 2009/10/22 | 2015/1/13 | 2020/1/14 | 2013/4/9 |
| Windows Server 2008 R2 for Itanium–BASEd Systems | 2009/10/22 | 2015/1/13 | 2020/1/14 | 2013/4/9 |
| Windows Server 2008 R2 Service Pack 1 | 2011/2/22 | ※1 | ※1 | |
| Windows Server 2008 R2 Standard | 2009/10/22 | 2015/1/13 | 2020/1/14 | 2013/4/9 |
| Windows Server 2008 Service Pack 2 | 2009/4/29 | ※1 | ※1 | |
| Windows Server 2008 Standard | 2008/5/6 | 2015/1/13 | 2020/1/14 | 2011/7/12 |
| Windows Server 2008 Standard without Hyper–V | 2008/5/6 | 2015/1/13 | 2020/1/14 | 2011/7/12 |
| Windows Server 2012 Datacenter | 2012/10/30 | 2018/1/9 | 2023/1/10 | |
| Windows Server 2012 Essentials | 2013/1/2 | 2018/1/9 | 2023/1/10 | |
| Windows Server 2012 Foundation | 2012/10/30 | 2018/1/9 | 2023/1/10 | |
| Windows Server 2012 Standard | 2012/10/30 | 2018/1/9 | 2023/1/10 | |
| Windows Web Server 2008 | 2008/5/6 | 2013/7/9 | 2018/7/10 | |
| Windows Web Server 2008 R2 | 2009/10/22 | 2013/7/9 | 2018/7/10 | 2013/4/9 |

※1 다음 중 먼저 적용되는 시기에 지원이 종료된다.
　　– 다음 버전 서비스팩 발표 24개월 후
　　– 제품 지원 기간의 종료일

자세한 내용은 다음 URL을 참조하기 바란다.

URL http://support.microsoft.com/lifecycle/?C2=1163

# 15 유닉스

유닉스<sub>UNIX</sub> 운영체제는 1968년 미국 AT&T의 벨 연구소에서 개발되었다. 이후 하드웨어에 의존하지 않으며 이식성이 뛰어난 C 언어로 대부분 다시 작성되었고, 소스 코드 크기 또한 비교적 작아 다양한 플랫폼에 이식되었다. 현재는 업계 단체인 오픈 그룹<sub>The Open Group</sub>이 유닉스의 상표를 가지고 있고, SPEC1170이라고 불리는 기술 사양을 만족하는 운영체제만이 정식으로 'UNIX'라는 이름을 붙일 수 있다.

이전에는 웹 서버나 메일 서버 등 다양한 서버 용도로 유닉스를 이용했지만, 현재는 무료로 사용할 수 있는 리눅스 등의 오픈 소스 계열 운영체제가 많이 보급되어 대부분의 서버는 오픈 소스 계열 운영체제로 구축된다. 이제 유닉스는 엔터프라이즈 서버 운영체제로 이용되는 일이 많아졌고, 이런 점에서 유닉스는 엔터프라이즈 서버 업체 제품과 밀접하게 연결되어 있다고 할 수 있다.

## 대표적인 유닉스 운영체제

대표적인 유닉스는 다음과 같다.

### AIX

IBM의 상용 운영체제. IBM의 POWER CPU에서 동작한다.

### Solaris

오라클(구 선마이크로 시스템즈)의 상용 운영체제. 오라클의 SPARC 및 x86 계열 CPU에서 동작한다.

2005년에 Solaris의 소스 코드 대부분을 오픈 소스화한 OpenSolaris가 발표되었지만, 2010년에 오라클이 선 마이크로시스템즈를 인수하면서 OpneSolaris는 중지되었다. 현재는 일루모스<sub>illumos</sub> 프로젝트 등 몇 개의 OpenSolaris 파생 프로젝트가 갱신을 계속하고 있다.

## HP-UX

휴렛 팩커드의 운영체제. 휴렛 팩커드의 PA-RISC 및 인텔의 Itanium 계열 CPU 에서 동작한다.

## 네트워크

네트워크는 서버 등 복수의 노드를 유선 또는 무선으로 연결한 집합체다. 네트워크를 구성할 때 이용되는 네트워크 장비란 LAN 케이블과 광섬유 케이블 등을 집약해 통신을 교환하는 장치를 말한다. 네트워크 장비도 랙 마운트형 서버처럼 19인치 랙에 넣는 것을 전제로 한 유닛 단위의 형태로 되어 있다. 네트워크 장비에는 많은 케이블이 접속되어 있으므로 네트워크 장비에 포트 수가 많으면 많을수록 물리적으로 많은 공간이 필요하고 결과적으로 유닛 수도 많아진다. 네트워크 장비에는 라우터, L2 스위치, L3 스위치, L4 스위치, L7 스위치 등이 있다.

# 16 │ 네트워크 장비 선택

네트워크를 구축하려면 네트워크 장비가 필요하다. 네트워크 장비에는 라우터와 스위치 등 다양한 장비가 있으므로 차이점을 파악해 두자.

▼ **그림 4-1** 네트워크 장비의 예(패트릭 피네건<sub>Patrick Finnegan</sub>)

http://www.flickr.com/photos/vax-o-matic/2466495084/

## 라우터의 역할

라우터는 수신한 패킷을 적절한 경로로 전송하는 네트워크 장비다. 라우터는 네트워크를 논리적으로 나누는 장비이기도 하다.

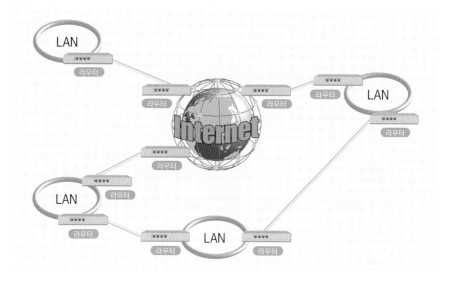

인터넷은 전 세계에 걸친 하나의 거대한 네트워크다. 인터넷에는 LAN<sub>Local Area</sub> <sub>Network</sub>이라고 불리는 무수한 로컬 네트워크가 있고, LAN끼리는 라우터라고 불리는 장비를 매개로 연결된다. LAN에서 WAN<sub>Wide Area Network</sub>으로 날아가는 메시지가 발생하면 라우터를 통해서 다른 LAN의 라우터로 메시지를 전달(라우팅이라고 부른다)함으로서 통신이 이루어진다.

이 부분은 비행기 여행을 생각하면 이해하기 쉽다. 메시지가 WAN으로 나가는 것은 메시지가 해외 여행을 하는 것과 같다. 비행기로 해외 여행을 하려면 공항에 가서 국제선 비행기를 타야 한다. 이때 공항에 해당하는 것이 바로 라우터다. 공항에 가지 않으면 비행기를 타고 해외로 갈 수 없듯이, 통신도 라우터를 통하지 않으면 LAN 외부로 나아갈 수 없다.

라우터의 구조는 그림 4-3과 같다. 라우터가 패킷을 받으면 라우터는 패킷에 있는 목적지인 IP 주소를 보고 패킷을 적절한 라우터로 전송(라우팅)한다. 라우터가 전송할 곳을 결정할 때는 라우터에 미리 설정된 라우팅 테이블(목적지 정보)을 참조한다. 목적지 IP 주소를 포함하는 네트워크 주소와 IP 주소가 라우팅 테이블에 있을 때는 라우팅 테이블에 따라서 패킷을 전송한다. 하지만, 라우팅 테이블에 해당 라우터가 없을 때는 모두 기본 게이트웨이로 전송한다.

▼ **그림 4-3** 라우터의 구조

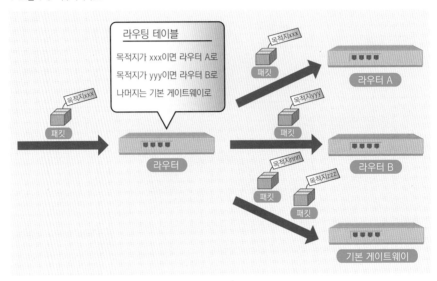

라우팅 테이블을 관리하는 방법에는 '스태틱 라우팅'과 '다이내믹 라우팅'이 있다. 스태틱 라우팅이란 라우터에 경로 정보를 수동으로 등록해가는 방법이다. 기업에서는 대부분 외부 라우터와의 접속이 ISPInternet Service Provider나 데이터 센터 내부의 라우터뿐일 것이다. 이처럼 통신 경로가 제한된 때는 스태틱 라우팅이 최적이다.

반면 다이내믹 라우팅이란 이웃한 라우터와 통신해서 라우터끼리 경로 정보를 자동으로 갱신하는 방법이다. 다이내믹 라우팅에는 RIPRouting Information Protocol, OSPFOpen Shortest Path First, BGPBorder Gateway Protocol 등의 라우팅 프로토콜이 있다. ISP처럼 외부 라우터와의 접속이 자주 변화할 때는 다이내믹 라우팅이 최적이다.

## 라우터의 선택 포인트

라우터를 고를 때 알아둘 다섯 가지 핵심 포인트를 소개한다.

**1** ISP나 데이터 센터 등 라우터를 연결하는 곳에서 제공되는 상위 회선의 인터페이스와 일치하는 WAN 인터페이스를 가질 것

예를 들어 상위 회선이 1000BASE-T 인터페이스라면 라우터의 WAN 인터페이스도 1000BASE-T를, 상위 회선이 10BASE-T라면 10BASE-T로 해야 한다. 이 부분은 상위 회선 담당자에게 한 번 문의해 볼 필요가 있지만, 대개는 이용자의 요구에 맞춰준다.

**2** WAN에서의 통신 대역

WAN측 통신 대역이 1Mbps에도 못 미친다면 WAN측 인터페이스는 1000BASE-T는 커녕 100BASE-TX로도 충분하다.

**3** 스루풋

'스루풋throughput'이란 단위 시간당 데이터 전송량을 가리킨다. 라우터에 어느 정도 전송 속도를 요구할지 결정한다. 통신량이 많으면 스루풋이 높고 빠른 라우터를 도입해야 하지만, 통신량이 그다지 많지 않으면 스루풋이 낮은 저가의 라우터로도 충분하다.

▼ **그림 4-4** 스루풋

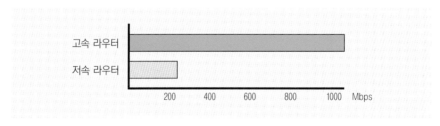

**4** 보안 기능을 라우터에도 요구할 것인가?

라우터의 본래 역할은 패킷을 다른 네트워크에 라우팅하는 것이지만, 최근의 라우터 장비에는 보안 기능이 탑재되는 경우가 많다. 여기서 말하는 보안 기능이란, 예

를 들어 특정 IP 주소나 TCP/UDP 포트 번호 이외의 통신을 차단하는 필터링 기능 등이 있다.

중간 규모 이하의 사이트에서는 비용 대비 효과면에서 라우터의 보안 기능에 의지해도 좋을지 모르지만, 대규모 환경에서는 라우팅 기능과 보안 기능을 물리적으로 분리할 것을 권한다. 라우팅량이 증가하거나 보안 필터링 규칙이 증가했을 때 상위 기종으로 교체를 검토할 필요가 있는데, 두 기능이 섞여 있으면 한 쪽만 교체가 필요해도 양 쪽 기능을 모두 교체할 수밖에 없기 때문이다. 또한 라우팅 조건이나 보안 조건이 복잡해져서 네트워크 구성을 변경하고자 해도 양 쪽 기능이 섞여 있으면 네트워크 구성을 변경하기가 곤란해진다.

▼ **그림 4-5** 라우터의 보안 기능

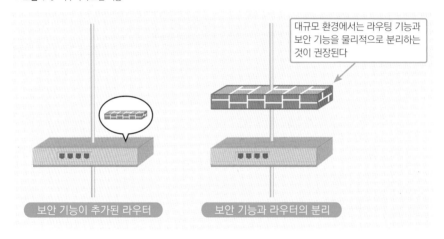

대규모 환경에서는 라우팅 기능과 보안 기능을 물리적으로 분리하는 것이 권장된다

보안 기능이 추가된 라우터

보안 기능과 라우터의 분리

5 도입 비용

라우터 가격을 결정하는 중요한 요소 중 하나로 스루풋이 있다. 예를 들어 1Gbps의 인터페이스를 가진 라우터가 있을 때, 고가인 라우터는 1Gbps에 가까운 스루풋이 나오지만 저가의 라우터는 그 절반 이하로 나올 때도 있다. 일반적으로 라우터는 비쌀수록 좋다.

## L2와 L3 스위치의 역할

L2 스위치란 이른바 업무용 스위칭 허브를 말한다. L2 스위치에 프레임(L2 스위치에서는 패킷이 아니라 프레임이라고 부른다)이 들어오면, L2 스위치는 목적지가 MAC 주소를 보고 적절한 포트로 프레임을 전송(스위칭)한다. L2 스위치 내에 기술된 MAC 주소 테이블(목적지 정보)에 해당 MAC 주소가 없을 때는 LAN 내 전체에 브로드캐스트해서 응답이 있는 포트로 전송한다.

반면 L3 스위치란 이른바 라우터 기능이 추가된 L2 스위치다. 네트워크상에 흘러가는 패킷이 들어오면 L3 스위치는 목적지 IP 주소를 보고 적절한 포트로 패킷을 전송(라우팅)한다. L3 스위치 내에 적힌 라우팅 테이블에 해당하는 IP 주소 혹은 네트워크 주소가 없을 때는 기본 게이트웨이에 연결되는 포트로 전송한다.

▼ **그림 4-6** UTP 포트를 탑재한 스위치의 예(사진 제공: 얼라이드 텔레시스 주식회사)

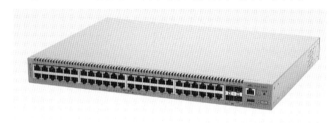

▼ **그림 4-7** SFP 슬롯을 탑재한 스위치의 예(사진 제공: 얼라이드 텔레시스 주식회사)

## L2와 L3 스위치 선택 요령

L2와 L3 스위치 선택 요령을 네 가지로 정리했다.

**1** 인터페이스의 속도와 포트 수

우선적으로 필요한 최소한의 인터페이스 속도와 포트 수를 확보할 수 있는지 확인한다.

**2** 지능형 또는 비지능형

지능형intelligent 스위치는 웹 접속 혹은 텔넷 접속으로 포트 설정을 변경하거나 스위치의 상태 및 통신량을 확인할 수 있다. 예를 들어 특정 포트만 1000BASE-T로 고정하고 나머지는 Auto-negotiation으로 하고 싶거나, VLAN을 설정해야 할 때는 지능형 스위치가 필요하다. 반대로, 단순히 서버를 네트워크에 연결하기만 하면 될 때는 비지능형으로도 충분하다.

▼ **그림 4-8** 스위치에 telnet으로 접속한 예

```
switch# show inerfaces status

Port   Name    Status      Vlan      Duplex   Speed        Type
Gi0/1  Int-1  connected    1    a-full  a-100  10/100/1000Base TX
Gi0/2  Int-2  connected    1        auto    auto   10/100/1000Base TX
Gi0/3  Int-3  disabled     1        auto    auto   10/100/1000Base TX
Gi0/4  Int-4  notconnect   1        auto    auto   10/100/1000Base TX
Gi0/5  Int-5  notconnect  routed    auto    auto   10/100/1000Base TX
Gi0/6  Int-6  notconnect  routed    auto    auto   10/100/1000Base TX
Gi0/7  Int-7  notconnect   1        auto    auto   10/100/1000Base TX
```

**3** 스위칭 능력과 스위칭 용량

스위치의 가장 중요한 역할은 대량의 통신을 빠짐 없이 빠르게 전송하는 것이다. 스위칭 능력과 스위칭 용량을 파악하면 스위치 성능을 판단할 수 있다.

- **스위칭 능력**: 스위칭 속도를 나타내는 단위로서 PPSPacket Per Second라는 것이 있다. PPS는 1초에 얼마나 패킷을 처리할 수 있는지를 나타낸다.
- **스위칭 용량**: 동시에 스위칭할 수 있는 양을 나타내는 단위로서 BPSBit Per Second가 있다. BPS는 1초에 어느 정도의 바이트 수를 처리할 수 있는지를 나타낸다.
- **와이어 스피드와 논블로킹**: 스위치에 탑재된 각 포트에 이론상 최대 통신량이 발생하는 상태를 와이어 스피드wire speed라고 한다.

가령 1000BASE-T 인터페이스가 48포트 달린 L2 스위치가 있다고 하자. 이 스위치의 모든 포트에 와이어 스피드로 통신이 발생하면 최대 통신량은 1,000,000bit ×48포트×2(양방향) = 96Gbps가 된다. 이 이론상 최대 통신량을 처리할 수 있는 능력을 특히 논블록킹non-blocking이라고 한다. 통신량이 아주 많은 환경에서는 와이어 스피드·논블록킹 스위치라면 업무용 스위치로서 안심할 수 있다.

**4** 하드웨어 처리와 소프트웨어 처리

사용하고자 하는 기능이 ASIC라고 불리는 전용칩을 사용하는 하드웨어 처리인지, 그렇지 않으면 소프트웨어처리로서 CPU를 사용하는 처리인지 구별할 필요가 있다. 통신량이 소규모라면 하드웨어 처리든 소프트웨어 처리든 크게 차이가 나지 않지만, 통신량이 대규모일 때 소프트웨어 방식으로 처리하면 CPU 사용률이 올라가서 스위칭 능력에 영향을 주기도 한다. 방화벽 등의 기능을 소프트웨어로 처리한다면, 스위치에 부가된 방화벽 기능을 사용하지 말고 별도로 방화벽 전용 장비를 도입하는 것이 좋다.

## L4와 L7 스위치(로드 밸런서)를 선택한다

L4/L7 스위치는 이른바 로드 밸런서(부하 분산 기능)가 달린 L3 스위치다. L4 스위치는 IP와 TCP/UDP 포트를 보고 적절한 서버로 패킷을 전송한다. 반면 L7 스위치는 URL을 보고 적절한 서버로 전송한다.

L4/L7 스위치의 특징은 부하를 분산할 때 서버가 살았는지 죽었는지 감시한다는 점이다. L4 스위치는 서버의 IP 주소와 TCP/UDP 포트의 조합을 일정 간격으로 감시해, TCP/UDP 포트로부터 응답이 없으면 그 포트의 기능을 정지됐다고 판단해 일시적으로 부하 분산 대상에서 제외한다. 마찬가지로 L7 스위치도 특정 URL을 일정 간격으로 감시하고 예정한 응답이 돌아오지 않으면 부하 분산 대상에서 제외한다.

L4/L7 스위치를 선택할 때 L2/L3 스위치와 같은 업체 제품으로 하면 명령 체계가 통일되므로 다루기 쉬워진다.

네트워크 장비에서는 시스코 시스템즈 제품의 점유율이 높다. IA 서버는 다른 업체에서도 같은 운영체제가 사용되므로 업체가 바뀌어도 큰 위화감은 없지만, 네트워크 장비는 업체별로 독자적인 운영체제가 사용되므로 명령 체계가 다르다. 시스코 시스템즈 제품의 점유율이 높고 명령 체계가 업체에 따라 완전히 다르므로, 시스코 시스템즈 제품밖에 다루지 못하는 엔지니어가 많은 것이 사실이다.

그런 이유에서 시스코 시스템즈 제품으로 통일하는 회사도 있는가 하면, 일부러 시스코 시스템즈 제품 이외의 가격이 싼 제품을 선정하는 회사도 있다.

# 17 | 네트워크의 토폴러지

네트워크 설계는 조건과 환경에 따라 무수한 조합이 있지만, 여기서는 그 중 자주 사용되는 몇 가지 패턴을 소개한다.

## 프론트 엔드와 백 엔드 2계층 구조

중소 규모 IT 인프라에서는 웹 서버로 대표되는 프론트 엔드 계층과 데이터베이스 서버로 대표되는 백 엔드 계층의 2계층 구조 네트워크가 주로 사용된다.

### 프론트 엔드 계층

프론트 엔드 층은 토폴러지적으로 인터넷에서 가까운 곳에 위치한다. 서버에 글로벌 IP 주소를 부여해서 인터넷과 직접 통신하는 경우와 L4 스위치를 매개로 인터넷과 통신하는 경우가 있다.

### 백 엔드 계층

백 엔드 계층은 토폴러지적으로 인터넷에서 먼 곳에 위치한다. 백 엔드 계층에 놓인 서버에는 프론트 엔드 계층을 거쳐야만 액세스할 수 있으므로, 백 엔드 계층에 놓인 서버는 외부에서 직접 해킹(크래킹) 공격을 받지 않게 된다.

▼ **그림 4-9** 프론트 엔드와 백 엔드 2계층 구조

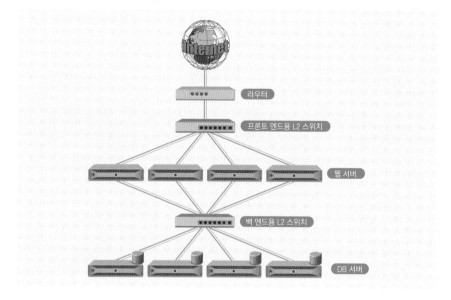

## 3계층 구조

여러 개의 서버 룸이 있는 환경에서는 '코어 계층, 디스트리뷰션 계층, 액세스 계층'
으로 나눈다.

### 코어 계층

코어 계층에서는 디스트리뷰션 계층에서 오는 통신을 집약해 인터넷에 연결한다.
기본적으로 네트워크 하나에 코어 계층 한 세트를 설치한다.

### 디스트리뷰션 계층

디스트리뷰션 계층에서는 디스트리뷰션 계층의 통신을 집약해서 코어 계층에 연결
하고 액세스 계층 간의 통신을 중계한다. 예를 들어 건물 사무실에서는 플로어마다
디스트리뷰션 계층을 한 세트 배치한다.

## 액세스 계층

액세스 계층에서는 서버에서 오는 통신을 집약해서 디스트리뷰션 층에 연결한다. '프로트엔드와 백 엔드 2계층 구조'에서 본 웹 서버와 데이터베이스는 일반적으로 액세스 계층에 놓인다.

▼ **그림 4-10** 3계층 구조

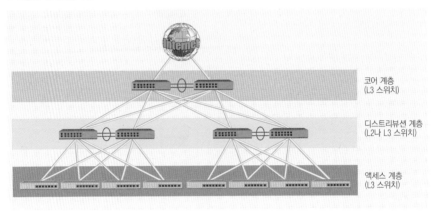

코어 계층
(L3 스위치)

디스트리뷰션 계층
(L2나 L3 스위치)

액세스 계층
(L3 스위치)

## 네트워크 패브릭 구조

서버와 스토리지 가상화에 이어, 요즘은 네트워크에서도 가상화의 물결이 밀려오고 있다.

기존의 3계층 구조에서는 네트워크 구성에 맞게 서버와 랙의 물리적인 배치를 결정할 필요가 있었다. 이 말은 처음에 네트워크 구성이 정해지면, 이후에는 네트워크 구성의 제약 속에서 서버와 랙의 물리적 배치를 결정해야만 한다는 것을 의미한다.

하지만, 요즘은 서버의 성능 향상 및 가상화의 보급으로 서버 한 대에서 입출력되는 트래픽이 계속 늘어나면서 네트워크 장비가 병목을 일으키는 상황이 증가했다.

그래서 최근에 새롭게 네트워크 패브릭Network Fabric이라는 개념이 등장했다. 네트워크 패브릭이란 액세스 계층의 L2 네트워크를 가상화하여 물리적으로 다른 랙이나 스위치를 논리적으로 한 네트워크로 보이게 하는 기술이다. 결론적으로 액세스 계층에 해당하는 L2 네트워크가 플랫화한다.

▼ 그림 4-11 네트워크 패브릭 구조

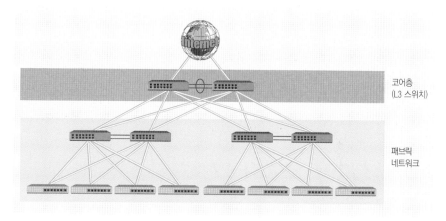

네트워크 패브릭의 큰 장점으로서 서버를 액세스 계층의 어느 L2 스위치에나 연결할 수 있게 된다. 이 장점은 서버와 랙의 물리적 제약으로부터 해방된다는 것을 의미한다.

▼ 그림 4-12 네트워크 패브릭에서는 서버를 어디에 배치해도 상관없다

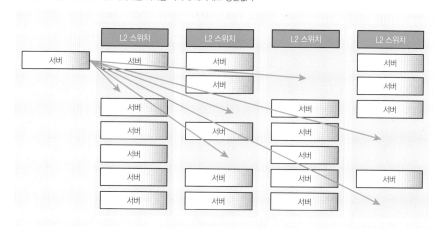

네트워크 패브릭은 아직 표준화된 규격이 없고, 각 네트워크 장비 업체에서 고유한 제품을 출시하는 상황이다. 업체 간 호환성은 없으며, 네트워크 패브릭의 명칭도 업체마다 다르다.

▼ 표 4-1 네트워크 패브릭의 명칭

| 업체 | 명칭 |
|---|---|
| 시스코 시스템즈 | 유니파이드 패브릭 |
| 브로드 게이트 | 인터넷 패브릭 |
| 쥬니퍼 | 데이터 센터 패브릭 |

## 18 | 네트워크 기본 용어 요점 정리

'네트워크는 좀 어렵다'는 소리를 자주 듣는다. 네트워크가 어렵게 느껴지는 주요 이유는 일반적으로 네트워크 장비를 블랙박스처럼 다루어, 특별히 내용에 신경 쓰지 않는 일이 많기 때문으로 추측한다. 그래서 여기서는 이것만은 알아두면 좋겠다고 생각하는 네트워크 기본 용어를 몇 가지 정리해보고자 한다.

### TCP/IP

TCP/IPTansmission Control Protocol / Internet Protocol는 오늘날 인터넷에서 일반적으로 이용되는 프로토콜이다. 전 세계에서 TCP/IP가 표준으로 사용되고 있기에, 우리는 인터넷에 연결된 전 세계의 컴퓨터와 쉽게 통신할 수 있다.

### OSI 참조 모델

OSI 참조 모델이란 국제표준화기구ISO에 의해 책정된 컴퓨터가 가져야 할 통신 기능을 계층 구조로 나눈 모델을 말한다. OSI 참조 모델에서는 통신 기능(통신 프로토콜)을 일곱 개의 레이어로 나눠 정의하고 있다. L2 스위치, L3 스위치 등에서 L2, L3란 OSI 참조 모델의 레이어를 가리킨다.

▼ **그림 4-13** OSI 참조 모델

| OSI 참조 모델 | TCP/IP의 계층 | 프로토콜 | | | | |
|---|---|---|---|---|---|---|
| 7층 응용 계층<br>Applicationlayer | 응용 계층 | HTTP | SMTP | POP3 | FTP | ... |
| 6층 표현 계층<br>Presentation layer | | | | | | |
| 5층 세션 계층<br>Session layer | | | | | | |
| 4층 전송 계층<br>Transport layer | 전송 계층 | TCP | | | UDP | |
| 3층 네트워크 계층<br>Network layer | 인터넷 계층 | IP | | | | ICMP |
| 2층 데이터 링크 계층<br>Data link layer | 네트워크<br>인터페이스 계층 | ARP  RARP<br>Ethernet | | PPP | | ... |
| 1층 물리 계층<br>Physical layer | | | | | | |

## TCP와 UDP

TCP는 연결 지향형 프로토콜이고 고품질 통신을 실현한다. TCP에서는 데이터 송신이 이루어지면, 송신한 패킷의 순서와 수신한 쪽에서 받을 때 순서가 다르면 순서를 바꾸고, 또는 일부 패킷이 유실되면 재전송하는 등의 기능이 있다. 이런 기능 덕분에 TCP에서는 보내는 쪽과 받는 쪽에서 확실한 통신이 보증된다. 그 대신 TCP 통신은 오버헤드가 크고 UDP와 비교하면 느리다. TCP는 웹이나 메일 등 확실하게 통신이 이뤄져야 하는 신뢰성이 필요한 애플리케이션에서 사용한다.

반면에 UDP User Datagram Protocol는 비연결형 프로토콜이고 저품질이지만 속도가 빠르다. UDP에서는 연결을 지속하지 않고 일방적으로 데이터를 전송한다. 일방적으로 전송하므로 상대방이 그 정보를 수신한다는 보증이 없으며, 또한 수신한 쪽에서 정보를 받았다고 응답하는 기능이 프로토콜에 없다. UDP는 음성 전화나 동영상 등 정보가 일부 유실돼도 문제없이 애플리케이션에서 이용된다.

### 3웨이 핸드쉐이크: SYN과 ACK

TCP 연결에서는 3웨이 핸드쉐이크3way handshake를 거쳐서 TCP 연결을 확립한다. 3웨이 핸드쉐이크는 송신측과 수신측에서 아래 그림처럼 SYN과 ACK를 서로 주고 받으며 성립하게 된다. UDP는 비연결형 프로토콜이므로 3웨이 핸드쉐이크를 하지 않는다.

▼ **그림 4-14** 3웨이 핸드쉐이크

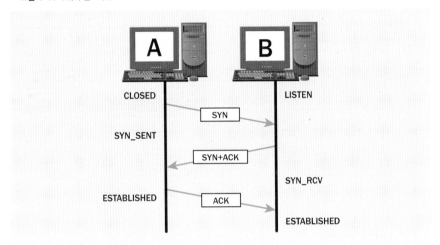

### 스위칭과 라우팅

LAN 안에서 L2 스위치(가정용 L2 스위치는 스위칭 허브라고 부른다)를 통한 통신을 스위칭이라고 한다. 반면, 라우터 혹은 L3 스위치를 통해 LAN과 LAN 사이를 걸쳐 통신하는 것을 라우팅이라고 한다.

### IPv4와 IPv6

일반적으로 보급된 IPv4의 IP 주소는 '172.16.5.21'처럼 표기되며 8bit×4 = 32bit로 구성된다. 32bit라는 크기는 전 세계적인 규모로 이용되는 현대 인터넷 환경에서는 충분하지 않다. 이미 일본에서는 IP 주소 발행 기관인 JPNIC의 IP 주소가 고갈되어 신규 IP 주소 할당을 중지한 상태다.

IPv6의 IP 주소는 '1951：ac65：aaaa：bbbb：cccc：：1'처럼 표기되며 16×8 = 128bit로 구성된다. IPv6에서는 0을 생략할 수 있으므로 '0：0：0：1'은 '：：1'로 표기할 수도 있다. IPv4의 IP 주소가 고갈되어 신규 할당이 중단되면서 드디어 IPv6이 보급되나 생각했지만, 현시점에서 두드러지게 IPv6으로 이행하는 움직임은 보이지 않는다. 그 이유는 몇 가지로 생각해 볼 수 있다. 지금까지 IPv4에서 유효하게 활용되지 않던 이른바 사장된 IP 주소가 유효하게 활용되기 시작했고 사업자들도 IPv6 운영 노하우가 부족해 IPv6으로의 이행을 주저한다. 그리고 IPv6으로 이행할 적극적인 동기가 없다는 점도 들 수 있다. 지금은 전 세계가 IPv4 중심으로 돌아가고 있지만 갑자기 IPv6화하는 움직임이 있을지도 모르는 일이니, 인프라 엔지니어는 앞으로 IPv6의 동향을 주의 깊게 지켜볼 필요가 있다.

## 네트워크 인터페이스를 묶는다

주요 운영체제에서는 네트워크 인터페이스를 묶어서 사용할 수 있다. 네트워크 인터페이스를 묶는다는 것은 여러 개의 네트워크 인터페이스에 같은 IP 주소나 MAC 주소를 부여해서 Active-Active, 혹은 Active-Standby 구성으로 통신하도록 설정하는 구조를 말한다. 네트워크 인터페이스를 묶으면 내장애성이 올라가고 사용할 수 있는 대역이 늘어나는 효과를 얻을 수 있다.

예를 들어 네트워크 인터페이스 두 개를 묶었을 때는 한 쪽이 고장나도 다른 한 쪽 네트워크 인터페이스에서 기능을 계속할 수 있다. 또한 1Gbps인 네트워크 인터페이스를 묶었다면 2Gbps의 대역을 사용할 수 있게 된다.

네트워크 인터페이스를 묶는 기능은 업체나 운영체제에 따라 용어가 다르다. 여기서 자주 사용되는 용어를 소개한다.

- **본딩**Bonding : 리눅스에서는 '본딩'이라는 용어를 사용한다.
- **티밍**Teaming : 복수의 NIC 업체에서는 '티밍'이라는 용어를 사용한다.
- **링크 어그리게이션**Link Aggregation : 네트워크 기능에서는 '링크 어그리게이션'이라는 용어를 사용할 때가 많다.
- **이더채널**EtherChannel : 시스코 시스템즈에서는 '이더채널'이라는 용어를 사용한다.
- **포트 트랭킹**Port Tranking : 얼라이드 텔레시스에서는 '포트 트랭킹'이라는 용어를 사용한다.

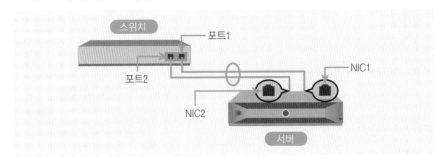

▼ **그림 4-15** 네트워크 인터페이스를 묶는다

# 19 | 인터넷 연결

인터넷에 연결하기 위해선 라우터 혹은 L3 스위치가 외부 네트워크 회선에 연결되어야 한다. 자사에서 ISP의 회선을 끌어오거나 데이터 센터가 제공하는 네트워크 서비스를 이용해 코어 스위치와 데이터 센터의 스위치를 연결하는 방법 등이 있다.

중소 규모인 때는 데이터 센터가 제공하는 네트워크 서비스를 이용하는 편이 손쉽기 때문에 비용면에서 장점이 될 수 있지만, 대규모인 때는 직접 회선을 끌어오는 것이 비용면에서 유리할 뿐만 아니라 서비스 수준을 직접 관리할 수 있는 장점이 있다.

인터넷 회선 비용의 요금 체계는 다양하지만 대략 다음과 같은 체계로 분류된다.

### 고정대역 사용 무제한

1Mbps 고정, 1Gbps 고정 등 계약한 대역의 범위 안에서 마음대로 사용할 수 있는 요금 체계다.

### 종량과금

한 달 통신량에 따라 과금하는 요금 체계다.

# 20 | 네트워크 케이블

네트워크에서는 케이블이 대량으로 이용된다. 여기서는 네트워크 배선에 사용되는 케이블에 대해 알아본다.

## LAN 케이블

일반적으로 사용되는 LAN 케이블은 UTP 케이블, 트위스트 페어 케이블, 이더넷 케이블 등 다양한 이름이 있다. 여기서는 그냥 'LAN 케이블'이라고 부르기로 한다.

이더넷이 고속화됨에 따라 LAN 케이블도 점점 새로운 규격이 등장하고 있다. 현재 주로 사용되는 규격은 다음과 같다.

▼ 표 4-2 LAN 케이블의 규격

| LAN 케이블의 종류 | CAT5e | CAT6 | CAT6A (Augmented Cat6) | CAT7 |
|---|---|---|---|---|
| | 카테고리 5e | 카테고리 6 | 카테고리 6A | 카테고리7 |
| 통신 속도 | 1Gbps | | 10Gbps | |
| 대응 인터페이스 | 10BASE-T, 100BASE-TX, 100BASE-T | | 10BASE-T, 100BASE-TX, 1000BASE-T, 10GBASE-T | |
| 전송 대역 | 100MHz | 250MHz | 500MHz | 600MHz |

어느 LAN 케이블을 사용할지는 용도와 비용을 저울에 달아보고 판단한다. 서버와 네트워크 장비의 연결에는 CAT5e로 충분하다. 네트워크 장비 간의 통신에서는 CAT6~CAT7과 같은 고품질 LAN 케이블을 사용하면 안심하고 사용할 수 있다.

곳곳에서 각 LAN 케이블의 성능을 알기 위해 실측이 이루어졌지만, 어느 결과를 보더라도 네트워크 대역을 한계까지 다 사용하는 환경이 아니라서 어떤 종류의 LAN 케이블을 사용해도 어느 정도는 좋은 품질을 나타냈다. 따라서 어느 케이블을 선택해서 사용해도 큰 차이는 없는 것 같다. 나 자신도 실제로 LAN 케이블의 종류에 따른 통신 품질의 차이를 현저하게 느낀 적이 없었다.

## 광파이버 케이블

기가바이트 네트워크에서 사용되는 주요 규격에는 1000BASE-SX<sub>Short eXchange</sub>와 1000BASE-LX<sub>Long eXchange</sub>가 있다. 광섬유로는 '멀티 모드 파이버', 혹은 '싱글 모드 파이버'가 이용된다.

▼ **그림 4-16** 광케이블(사진 제공: SEI 옵티프론티어 주식회사)

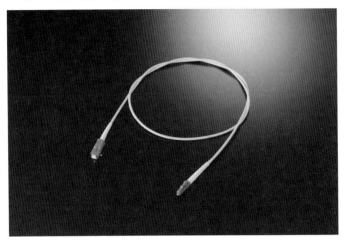

멀티 모드 파이버는 전송 거리가 짧고 값이 싸지만, 싱글 모드 파이버는 전송 거리 가 길고 가격이 비싸다.

▼ **표 4-3** 1Gbps에서 사용되는 규격

| 규격 | 사용 매체 | 전송 거리 | 용도 |
|---|---|---|---|
| 1000BASE-SX | 멀티 모드 파이버 | 550m | LAN |
| 1000BASE-LX | 멀티 모드 파이버 | 550m | 구내 배선 |
| | 싱글 모드 파이버 | 5Km | 구내 배선 |

광파이버 케이블의 양 끝에 사용되는 커넥터의 종류는 다양하지만 특히 'SC 커넥터' 와 'LC 커넥터'가 주로 사용된다. 또한 광케이블 안에서는 광 신호로 전달되지만, 네 트워크 장비 내부에서는 전기 신호로 전달되므로 광 신호화 전기 신호를 변환하는

네트워크 장비로 '트랜시버'가 이용된다. 트랜시버 모듈은 SC 커넥터에는 GBIC가 LC 커넥터에는 SFP가 이용된다.

▼ 표 4-4 커넥터와 트랜시버 모듈

| 커넥터 | 트랜시버 모듈 |
|---|---|
| SC 커넥터 | GBIC(Gigabit Interface Converter) |
| LC 커넥터 | SFP(Small Form-Factor Pluggable). Mini-GBIC라고도 불린다 |

▼ 그림 4-17 LC 커넥터(좌) SC 커넥터(우)(사진 제공: 산와서플라이 주식회사)

▼ 그림 4-18 GBIC(사진 제공: 시스코 시스템즈 합동회사)

▼ 그림 4-19 SFP(사진 제공: 시스코 시스템즈 합동회사)

또한 최근에는 10Gbps와 40Gbps에 대응하는 규격도 등장했다. 10Gbps에 대응하는 규격으로는 10GBASE-SR, 10GBASE-LR, 10GBASE-ER, 10GBASE-LW(WAN PHY), 10GBASE-ZR 등이 있다.

**LAN 케이블의 색 구분**

LAN 케이블의 색은 다양하므로 잘 구분해서 사용하면 편리하다. 예를 들어 흔히 구분할 수 있는 색 구분은 다음과 같은 것이 있다.

- 기간계와 그 밖의 것으로 색을 구분한다.
- 웹 서버와 데이터베이스 서버로 색을 구분한다.
- 글로벌 IP 주소와 사설 IP 주소로 색을 구분한다.
- LAN 케이블의 종류로 색을 구분한다(CAT5e / CAT6 / CAT6A / CAT7).
- LAN 케이블의 길이로 색을 구분한다.

## 스토리지

스토리지는 다양한 방향으로 계속 진화하고 있다. 우선, 스토리지의 대용량화다. 하드디스크 하나에 수 TB의 정보를 기록할 수 있게 되었을 뿐만 아니라 서버나 외부 스토리지의 고밀도화가 진행되어 인클로저에 하드디스크를 많이 탑재할 수 있게 되었다.

두 번째는 스토리지의 고속화다. 하드디스크와 인터페이스가 고속화된 데다가 SSD나 엔터프라이즈 플래시 메모리 스토리지의 등장으로 이전과는 확연히 달라진 디스크 I/O 성능을 실현할 수 있게 되었다.

그리고 세 번째는 스토리지의 고도화다. 씬 프로비저닝, 자동 계층화, 중복 제거, 스냅샷 등과 같은 기능의 등장으로 물리 디스크의 효율적인 이용과 데이터의 용도에 맞게 자동으로 고가ㆍ고속 디스크와 저가ㆍ저속 디스크로 할당하고, 백업 시의 물리 디스크 용량 절약과 백업의 고속화, 파일 시스템의 순간적인 유지를 실현하고 있다.

이 장에서는 스토리지를 선정할 때 알아두면 좋은 정보를 한 곳에 정리했다.

# 2 | 스토리지

데이터를 저장하는 장치를 '스토리지'라고 부른다. 스토리지에는 서버 내부의 저장 영역인 로컬 스토리지와 서버 외부의 저장 영역인 외부 스토리지가 있다. 외부 스토리지에는 서버에 직접 연결하는 것(DAS)과 네트워크를 통해 연결하는 것(NAS, SAN)이 있다.

▼ 그림 5-1 스토리지 장비의 예 1(사진 제공: 델 주식회사)

▼ 그림 5-2 스토리지 장비의 예 2(사진 제공: 델 주식회사)

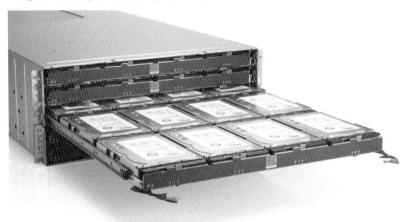

## 로컬 스토리지

로컬 스토리지란 서버 내부에 디스크를 설치해서 이용하는 저장 영역을 말한다. 외부 스토리지를 사용하지 않으므로 설치 공간은 절약할 수 있다. 하지만, 외부 스토리지를 이용할 때와 비교하면 설치할 수 있는 디스크 개수와 확장성이 적어진다.

## 외부 스토리지

외부 스토리지란 서버 외부에 준비한 스토리지 장비, 혹은 스토리지 영역을 말한다. 외부 스토리지에는 세 가지 형태가 있다.

### DAS

DAS_Direct Attached Storage_는 서버에 직접 연결하는 스토리지 장비다. DAS를 이용하면 로컬 스토리지만으로 용량이 부족할 때 필요한 만큼 디스크 용량을 늘릴 수 있다. 또한 DAS에는 많은 디스크를 설치할 수 있으므로 스트라이핑 수가 많은 RAID로 구성하여 디스크 I/O 성능을 크게 높일 수 있다.

운영체제는 DAS에 생성된 논리 드라이브를 내장 디스크의 논리 드라이브로 인식한다. 따라서 운영체제는 DAS와 내장 디스크를 구분하지 않고 똑같은 방식으로 다룬다.

▼ **그림 5-3** 리눅스상에서 본 내장 디스크와 DAS 논리 드라이브 정보

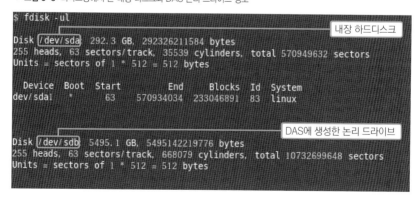

```
$ fdisk -ul
                                                          내장 하드디스크
Disk /dev/sda  292.3 GB, 292326211584 bytes
255 heads, 63 sectors/track, 35539 cylinders, total 570949632 sectors
Units = sectors of 1 * 512 = 512 bytes

  Device  Boot  Start        End      Blocks  Id  System
dev/sda1    *      63   570934034   233046891  83  linux

                                             DAS에 생성한 논리 드라이브
Disk /dev/sdb  5495.1 GB, 5495142219776 bytes
255 heads, 63 sectors/track, 668079 cylinders, total 10732699648 sectors
Units = sectors of 1 * 512 = 512 bytes
```

DAS에는 서버에 RAID 컨트롤러 보드를 꽂아 연결하는 형태와 HBA<sub>Host Bus Adaptor</sub> 보드를 꽂아 연결하는 형태가 있다. 전자는 RAID 컨트롤러 보드가 RAID 구성을 관리하지만, 후자는 스토리지에 내장된 RAID 컨트롤러가 RAID 구성을 관리한다.

▼ 그림 5-4 RAID 구성을 관리하는 부분

DAS를 선택할 때는 필요한 실제 용량, 성능, 내장애성 및 확장성을 고려한다.

특히 DAS에 디스크를 몇 개 설치할 수 있는지는 매우 중요한 선택 조건 중 하나다.

2.5인치 디스크와 3.5인치 디스크 중 어느 한 쪽을 선택할 수 있는 인클로저에서 2.5인치 디스크를 사용하면 더 많이 설치할 수 있게 설계된 기종이 있다. 2.5인치 디스크는 3.5인치 디스크보다 소형이라는 장점이 있지만, 최대 용량이 3.5인치 디스크보다 작고 응답 속도가 같은 용량의 3.5인치 디스크보다 떨어지기도 한다. 이런 이유로 대용량 및 고성능이 요구되는 환경에서는 3.5인치 디스크의 인클로저를 선정한다.

예를 들어 그림 5-5를 보면 3.5인치 디스크용 인클로저에는 디스크가 12개 설치되었지만, 2.5인치 디스크용 인클로저는 24개가 설치되어 두 배의 하드디스크가 설치된 것을 알 수 있다.

▼ **그림 5-5** 3.5인치 하드디스크와 2.5인치 하드디스크의 DAS 탑재 개수 차이(사진 제공: 일본 휴렛 패커드 주식회사)

또한 DAS 인클로저를 데이지체인으로 연결해 용량을 확장할 수 있는 형태의 제품도 있다. 앞으로 용량을 늘릴 가능성이 있다면 확장성도 고려하는 것이 좋다. 단, 매년 하드디스크가 대용량화되면서 랙 마운트형 서버에서도 탑재할 수 있는 디스크 개수가 증가하고 있다. 따라서 굳이 DAS를 사용하지 않고 로컬 스토리지를 선택하는 사례도 늘고 있다. DAS를 사용하지 않으면 장비 구매 비용을 절약할 수 있을 뿐만 아니라, 설치할 장비가 적어지기에 데이터 센터의 랙도 절약할 수 있어 운영 비용을 크게 줄일 수 있다.

## NAS

NAS<sub></sub>Network Attached Storage는 네트워크를 통해 여러 대의 서버가 액세스할 수 있는 스토리지다. 서버와 NAS 간에는 NFS, SMB/CIFS, AFP와 같은 프로토콜을 이용해서 통신한다. 예를 들어 윈도 PC에서는 NAS를 네트워크상에 있는 공유 폴더처럼 다룰 수 있다.

NAS는 여러 대의 서버에서 데이터를 공유할 때나 여러 대의 서버에서 발생하는 백업 및 로그 파일을 한 군데에 모으는 용도로 사용된다.

▼ 그림 5-6  NAS

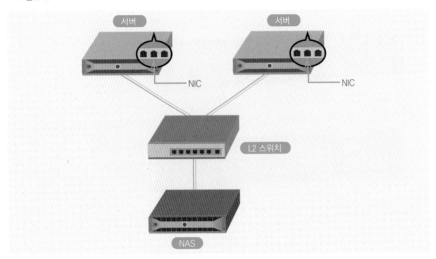

## SAN

SAN<sub>Storage Area Network</sub>은 블록 단위의 데이터 스토리지 전용 네트워크다. 고속·고품질 환경을 요구하는 환경에서 이용된다.

SAN에는 'FC-SAN'과 'IP-SAN'이 있다.

▼ 그림 5-7  FC-SAN

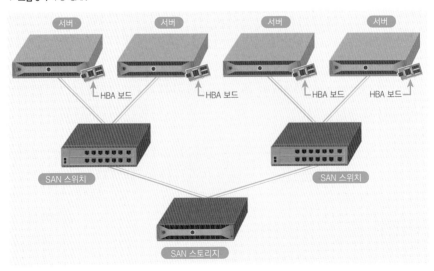

## FC-SAN

FC-SAN<sub>Fibre Channel SAN</sub>은 파이버 채널 기반으로 구축된 고속·고품질 스토리지 전용 네트워크다. FC-SAN 환경은 일반적으로 기간계 데이터베이스 등 중요한 데이터를 다루는 환경에서 이용된다. FC-SAN을 이용하는 서버에서는 HBA 보드를 설치하여 SAN 스위치를 통하거나 SAN 스토리지를 직접 연결한다.

## IP-SAN

IP-SAN<sub>Internet Protocol SAN</sub>은 고속·고품질 통신을 가능하게 하지만 가격이 매우 비싸다. IP-SAN은 통신 부분에 이더넷을 이용해서 SAN보다 저렴하게 구축할 수 있다. IP-SAN에서는 iSCSI 스토리지가 주로 이용된다. iSCSI란 서버와 스토리지의 통신에 사용하는 SCSI 커맨드를 IP 네트워크를 통해 송수신하는 프로토콜을 말한다. 서버와 iSCSI 스토리지는 모두 L2/L3 스위치 등을 통해 연결할 수 있다.

▼ 그림 5-8 IP-SAN

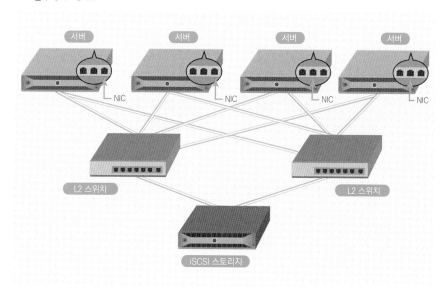

## RAID와 핫스페어

스토리지 장비에서는 인클로저 안에 디스크를 대량으로 탑재할 수 있게 설계되어 있다. 그리고 인클로저 안에 탑재된 여러 개의 디스크로 RAID를 구성해, 큰 스토리지 영역으로 사용하는 것이 일반적이다. 이 스토리지 영역을 '볼륨'이라고 부른다.

여러 개의 디스크를 묶어 볼륨으로 사용하면 디스크 하나가 고장나도 RAID로 이중화한 덕에 금방은 서비스에 영향을 받지 않는다. 고장난 디스크를 즉시 새 디스크로 교환하면 RAID가 재구성(리빌드)되기 때문에 스토리지는 아무 일도 없었던 것처럼 고장나기 전의 상태로 되돌아간다.

하지만, 사정이 있어 고장난 디스크를 곧바로 교환할 수 없을 때는 다른 디스크마저 고장나서 RAID 구성이 깨질지도 모르는 위험에 떨게 된다. 이런 경우 핫스페어를 이용하면 효과적이다. '핫스페어'란 다른 디스크가 망가졌을 때를 위해 대기하는 '스탠바이 디스크'를 말한다. 핫스페어가 있으면 스토리지 인클로저가 디스크 고장을 감지했을 때 자동으로 핫스페어가 활성화되며, 고장난 디스크를 대신해 RAID 그룹 안에 들어간다.

핫스페어가 활성화되어 RAID 그룹 안에 들어가면, 망가진 디스크는 고장 상태로 처리되어 시스템에서 분리된다. 이 상태에서 고장난 디스크를 새 디스크로 교체하면 이번에는 교체된 새 디스크가 핫스페어로 대기하게 된다.

핫스페어는 몇 개든 할당할 수 있다. 예들 들어 원격지에 스토리지가 설치되어 있어 하드디스크가 고장나도 좀처럼 고장난 디스크를 교체하러 갈 수 없을 때, 핫스페어의 개수를 넉넉하게 할당해 두면 안심할 수 있다.

▼ 그림 5-9 핫스페어

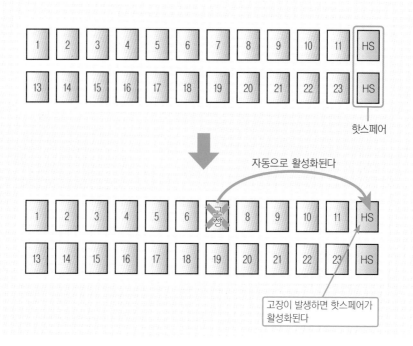

핫스페어

자동으로 활성화된다

고장이 발생하면 핫스페어가
활성화된다

<Column> **가정용 스토리지와 업무용 스토리지의 차이**

이제 가정에서도 NAS 등의 스토리지 장비를 부담 없이 사용하는 시대가 되었다. 가정용 스토리지는 리눅스 기반 인클로저에 가정용 SATA 하드디스크를 탑재하고, 운영체제에 소프트웨어 RAID 기능을 이용해서 RAID를 구현한 제품이 많다. 저가의 부품을 이용하고 필요한 기능만 사용해서 개인도 부담 없이 살 수 있는 가격이 실현되었다.

반면 업무용 스토리지는 속도가 빨라야 하고 고장에 강해야 하기 때문에 고장이 나도 서비스를 멈추지 않고 조기에 복구할 수 있는 여러 장치가 업무용 스토리지에 적용된다. 가정용 스토리지와 업무용 스토리지의 가격은 한 자리 수에서 두 자리 수정도 차이가 난다. 24시간, 365일 계속 서비스를 제공하려면 업무용 스토리지 사용을 강력히 권장한다.

# 22 외부 스토리지 이용

외부 스토리지를 도입하는 동기로는 다음 네 가지를 들 수 있다.

- 저장 영역을 많이 확보하고 싶다.
- 디스크 I/O 성능을 높인다.
- 스토리지를 통합해서 집중 관리한다.
- 복수의 서버에서 데이터 공유

## 저장 영역을 많이 확보하고 싶다

데이터 양이 많아서 서버의 로컬 스토리지 용량으로는 충분하지 않을 때는 저장 영역 확보를 외부 스토리지에 맡길 수 있다.

▼ **그림 5-10** 저장 영역 추가 확보

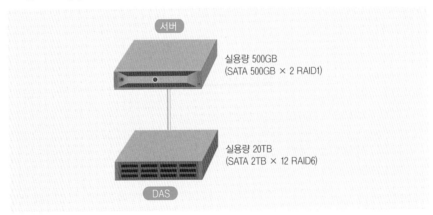

서버
실용량 500GB
(SATA 500GB × 2 RAID1)

실용량 20TB
(SATA 2TB × 12 RAID6)

DAS

## 디스크 I/O 성능 향상

로컬 스토리지의 디스크 I/O 성능이 충분하지 않을 때, 외부 스토리지를 사용하여 디스크 I/O 성능을 향상시킬 수 있다.

그림 5-11에서는 실용량 3TB를 확보하고자 스트라이핑 개수를 10세트로 구성했다. 3TB 하드디스크 하나를 사용해 3TB를 확보하는 것에 비해 이론상 디스크 I/O의 성능이 10배 향상된다.

▼ **그림 5-11** 디스크 I/O 성능 향상

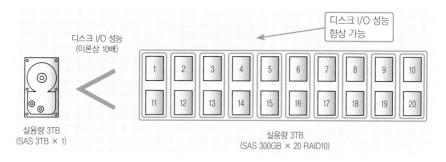

## 스토리지 통합 및 집중 관리

서버별로 중요한 데이터가 분산되어 있으면 스토리지 관리가 어려워진다. 또한 복수의 스토리지가 있으면 스토리지마다 조금씩 남는 공간이 발생하는데, 모두 합하면 상당한 양의 미사용 저장 영역이 생기게 된다. 그러므로 통합 스토리지로 복수의 스토리지를 집약하면, 저장 영역을 낭비하지 않고 유용하게 활용할 수 있어서 운영 비용을 낮출 수 있다.

▼ **그림 5-12** 스토리지마다 남는 영역이 발생한다

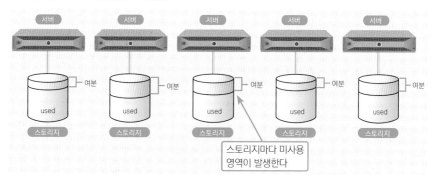

통합 스토리지에서는 물리 스토리지를 증설해서 저장 영역을 쉽게 늘릴 수 있다.

▼ **그림 5-13** 스토리지 집중 관리

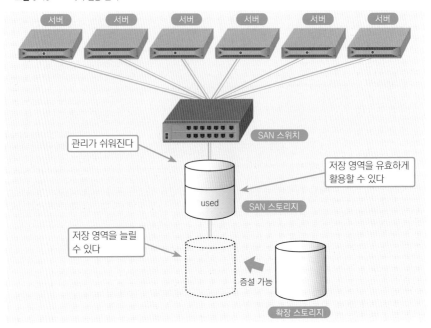

## 복수의 서버에서 데이터 공유

복수의 서버에서 같은 데이터와 소스 코드를 읽고 쓸 수 있게 하거나, 데이터베이스
클러스터링 환경에서 어느 서버든지 같은 데이터에 액세스할 수 있게 할 때는 NAS
를 이용하면 쉽게 구현할 수 있다.

▼ **그림 5-14** 복수의 서버에서 데이터 공유

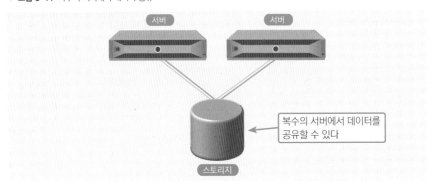

# 23 | 스토리지의 고급 기능

스토리지의 중요성이 높아짐에 따라서 스토리지 운영에 관련된 실용상의 모든 문제를 해결하기 위해 스토리지가 진화해왔다. 여기서는 비교적 새로운 스토리지 기능을 몇 가지 소개한다.

## 씬 프로비저닝

씬 프로비저닝Thin Provisioning은 물리 스토리지 용량보다 많은 논리 볼륨을 할당할 수 있는 기능이다.

▼ **그림 5-15** 씬 프로비저닝

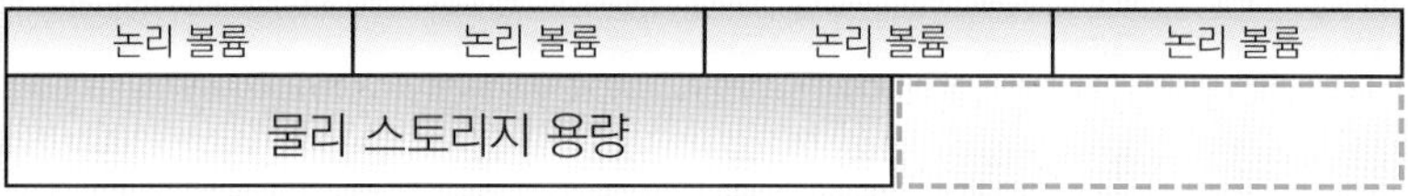

| 논리 볼륨 | 논리 볼륨 | 논리 볼륨 | 논리 볼륨 |
|---|---|---|---|
| 물리 스토리지 용량 | | | |

가상 스토리지를 이용하면 임의의 용량으로 논리 볼륨을 할당할 수 있지만, 일반적으로 물리 스토리지 용량을 상한선으로 하여 할당할 수 있다.

논리 볼륨을 할당할 때는 용량 부족으로 장애가 일어나지 않도록 안전을 고려해서 실제 사용량보다 크게 할당하는 경우가 많다. 하지만, 논리 볼륨을 많이 만들면 각 논리 볼륨에서 여분으로 확보한 용량이 쌓이고 쌓여 쓸 데 없는 투자가 발생하게 된다.

이런 경우, 씬 프로비저닝을 이용하면 할당한 용량만큼의 물리 스토리지를 다 준비하지 않고도 실제로 필요한 물리 스토리지만 준비할 수 있게 된다. 또한 투자 비용도 최소한으로 억제할 수 있다.

씬 프로비저닝은 가상 서버 환경처럼 게스트 운영체제마다 논리 볼륨을 만드는 환경에서 특히 효과적으로 작동한다.

## 자동 계층화

자동 계층화는 서로 다른 성능의 디스크를 조합해서 이용 빈도가 높은 데이터는 고가의 빠른 장비에, 이용 빈도가 낮은 데이터는 싸고 느린 장비에 자동으로 저장하는 기능이다.

다양한 계층에 데이터를 자동 저장하는 기법으로는 미리 특정한 규칙을 설정해 두는 방법과 각 파일의 이용 상황을 스토리지가 스스로 판단해서 자동으로 적절한 계층으로 이동시키는 방법 등 제품에 따라 다양한 구현 방식이 있다.

▼ **그림 5-16** 자동 계층화

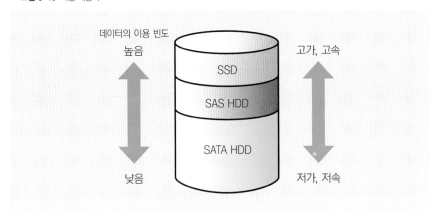

## 디둡

디둡De-duplication은 스토리지를 백업할 때, 먼저 저장된 데이터가 있으면 그 데이터는 복사하지 않기 때문에 저장 영역을 절약할 수 있는 기능이다. 디둡은 '중복 제거 기능'이라고도 부른다.

몇 세대의 백업을 해 두는 환경에서는 대부분 중복 데이터가 된다. 그런 중복 부분을 제거할 수 있다면 물리 스토리지 용량을 상당히 절약할 수 있을 뿐 아니라 백업 시간도 단축할 수 있다.

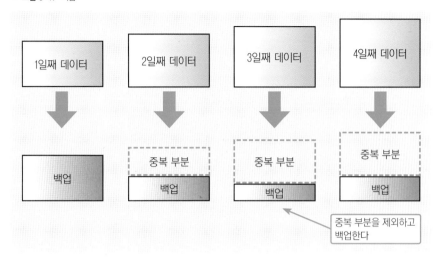

또한 디둡을 구현한 제품 대부분이 중복 제거 기능과 더불어 데이터 압축 기능을 탑재하고 있다. 중복 제거와 데이터 압축 기능으로 모든 데이터를 그대로 복사하는 백업 방식보다 상당한 양의 저장 공간을 절약할 수 있다.

## 스냅샷

스냅샷은 어떤 순간의 파일 시스템의 정지점을 순간적으로 보존해 두는 기능이다. 스냅샷 기능을 실현하기 위해 일반적으로 이용되는 구현 방식은 파일이 갱신될 때마다 갱신 이력과 함께 갱신 전의 파일을 스냅샷용 스토리지 공간에 기록해 가는 방법이다. 결국 스냅샷이라고 해서 그 시점에서의 모든 파일을 다른 디스크에 복사하는 것이 아니라, 갱신 이력 정보를 관리함으로서 그 시점에서의 파일 시스템의 상황을 복원할 수 있는 기능이 된다. 이 구현 방법 덕분에 순간적으로 스냅샷을 보존하는 것이 가능해진다.

▼ 그림 5-18 스냅샷

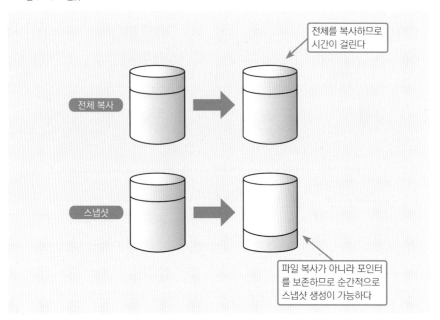

전체를 복사하므로 시간이 걸린다

전체 복사

스냅샷

파일 복사가 아니라 포인터를 보존하므로 순간적으로 스냅샷 생성이 가능하다

# 구매 및 상담

IT 인프라 장비를 구매할 때, 소규모라면 오프라인 매장이나 인터넷 쇼핑몰을 이용하는 것이 손쉽고 편하지만, 어느 정도 규모가 되면 업체(업자)의 영업을 통한 구매가 장점이 많다. 일반적으로 상담에서는 업체의 영업을 통해 필요한 정보를 빠짐 없이 수집하고 가격을 협상한 뒤 최종적인 의사 결정을 거쳐 구매에 이른다. 업체 측은 고객보다 다양한 업계 정보를 가지고 있는 경우가 많기 때문에 그런 정보를 잘 이끌어 내면서 자사에서 고민하는 부분을 상담한다. 최종적으로 자사에 최적인 제품을 최적의 가격으로 살 수 있다면 잘 구매했다고 할 수 있을 것이다.

이 장에서는 구매 및 상담을 할 때 알아둘 포인트를 살펴본다.

# 24 구매 및 상담

IT 인프라를 구축하려면 많은 장비와 소프트웨어, 서비스를 구매하게 된다. 대체로 IT 인프라를 구축하기 위한 투자에는 상당한 금액이 들어가는데, 비즈니스적 관점에서 보더라도 구매와 상담은 매우 중요하다고 할 수 있다. 따라서 인프라 엔지니어는 구매와 상담에 대해서도 최대한 신경을 쓸 필요가 있다.

## 구매처 선정

조달하고 싶은 것이 있을 때, 어느 회사로부터 조달하면 좋을지 고민하게 된다. 가장 확실한 것은 믿을만한 지인으로부터 좋은 업체를 소개받는 것이다. 소개해줄 사람이 없다면 인터넷에서 업체를 몇 군데 찾아서 방문을 요청하는 방법을 검토한다.

## 방문 목적을 생각해 둔다

자신이 무엇을 알고자 하는지 모호한 상태에서 그냥 부르는 것은 서로 시간 낭비다. 업체에서 영업을 위해 방문했을 때, 최소한 아래 항목들을 파악할 수 있도록 노력해야 한다.

- 지금 무엇을 구매해야만 하는가?
- 구매하려는 제품의 가격 시세는 어느 정도인가?
- 구매하려는 제품의 시장 점유율 1위 업체는 어디인가?
- 발주부터 납품까지 어느 정도 기간이 걸리는가?

흔히 있는 잘못된 응대는 영업하러 온 업체가 일방적으로 내세우는 자사 제품의 장점만을 듣고 그대로 이해하는 일이다. 그 제품이 정말 우리가 요구하는 조건을 충족하는지, 비용이 타당하고 또한 필요한 기간 안에 납품할 수 있는지 업체에 질문하고 확인하지 않을 거라면 일부러 부를 필요도 없다.

하고 싶은 것을 명확히 정했어도 실현하기 위해 애초에 무엇을 사야 하는지 기본적인 것을 모르고 있다면, 업체 측에 이번 내방 목적을 알리고 자신들이 무엇을 모르고 무엇을 알고 싶어하는지 사전에 잘 설명해 두자. 이런 설명을 미리 해 두어야 업체에서 찾아왔을 때 자신들이 원하는 것에 대한 설명을 들을 수 있다.

## 업체를 선정한다

구매하려는 제품은 사후지원이 거의 필요 없는 제품인지, 그렇지 않으면 업체의 지원이 중요한 제품인지에 따라 선정할 업체가 달라진다.

구매하려는 제품의 사후지원이 그렇게 중요하지 않다면 가장 싼 가격을 제시하는 업체에서 구매하는 것이 좋겠지만, 그렇지 않고 업체의 지원이 중요한 제품이라면 약간 비싸더라도 믿을 수 있는 업체를 선정할 필요가 있다.

믿을 수 있는 업체인지는 다른 사람의 소개라면 그 소개를 바탕으로 판단할 수 있을 것이고, 인터넷상의 평판도 때에 따라서는 참고할 만하다. 둘다 어렵다면 모든 면에서 그 업체를 분석하는 게 안전하다. 판매할 때만 잘하는 회사, 재무 상황이 좋지 않아 도산 직전인 회사, 단기적인 이익을 중요시하느라 도덕성이 낮은 회사 등은 선정 대상에서 바로 제외하는 게 좋다.

## 비교 견적

구매하려는 제품에는 대개 경쟁 제품이 있기 마련이다. 경쟁 제품이 있을 때는 번거롭더라도 다른 업체로부터도 견적을 받아야 한다. 비교 견적을 받는다는 것은 구매 가격 결정의 주도권을 자신이 쥐게 된다는 의미다. 반대로 비교 견적을 받지 않는 것은 구매 가격 결정권을 업체에 쥐여주는 것과 마찬가지다.

## 도입 테스트

처음 도입하는 장비는 도입 시에 테스트해야 한다. 설치 장소에 잘 설치되는지 물리적으로 확인하는 것은 물론, 원하는 성능이 나오는지 측정해서 확인하고 다른 서버나 기존 시스템과 소프트웨어적으로 잘 연계되는지도 확인한다. 도입 테스트는 업체로부터 시험 장비를 빌려서 사내에서 하기도 하고 업체의 검증 센터에 가서 하기도 한다. 장비 구매 시 도입 테스트를 하는 것은 일반적이므로 도입 테스트가 필요하다면 주저하지 말고 업체 영업 담당에게 요청해보자.

## 해외 구매

국내 구매와 해외 구매 가격에 상당한 차이가 있을 때가 있다. 제품 구매와 업체 지원을 분리할 수 있다면 제품은 해외에서 구매하고 지원만 국내 업체에 의뢰할 수도 있다. 해외 업체를 관리할 수 있다면 해외 구매도 검토해보는 것이 좋다.

〈Column〉 **최신 서버는 판매점에 없다**

이전에 아키하바라에 서버를 찾으러 간 적이 있다. 중고 서버는 있었지만 최신 서버는 어디에서도 찾을 수 없었다. 중고 서버 판매점 직원에게 물으니 일반적으로 서버는 커스터마이즈(주문 제작)해서 납품하는 일이 많기 때문에 판매점에서 재고를 두고 팔기는 어렵다고 했다.

〈Column〉 **로트 불량**

특정 시기에 제조된 제조 공정에서 문제가 있는 불량 부품군, 혹은 불량 부품군이 사용된 제품군을 '로트 불량'이라고 부른다. 기기를 대량으로 구매하다 보면 가끔 로트 불량으로 고생할 때가 있다. 구매하는 쪽에서 로트 불량 발생률을 관리할 수는 없으므로, 로트 불량이 일어나면 운이 나빴다고 포기하고 적시에 적절한 대응을 해야한다.

로트 불량이 의심되면 로트 불량이 의심된다는 근거를 모아 제조 업체에 제출하는 것이 문제를 조기에 해결하는 요령이다. 상황 증거가 많으면 많을수록 업체 측의 조사와 대응이 빠르게 진행될 것이다.

경험상 로트 불량은 일반적인 사용 방법이 아니라 특정한 패턴에서만 발생하는 사례가 대부분이었다. 업체 측에 조사를 의뢰할 때 특정한 패턴을 명확히 전달해 줄 수 있다면 빠른 답변을 얻을 수 있다. 그렇지 않으면 장기간에 걸친 조사도 각오해야 한다.

사업이 성장기에 들어서면 기업은 '사람, 물자, 돈' 등 온갖 자원이 부족해지기 마련이다. IT 인프라도 그 중 하나지만, 이런 성장기의 기업에서는 비용 절약보다는 어쨌든 사업의 성장 속도를 멈추지 않는 것을 최우선으로 삼아야 한다. 성장기에는 끊임 없이 인프라 확장 요청이 들어온다. 성장기를 경험한 적이 없는 인프라 엔지니어는 대부분 평상시 의식으로 상황을 판단하기 때문에 인프라 확장을 주저해서 결국 기업 성장이 IT 인프라 부분에서 병목을 일으킨다. 성장기라는 것은 속도가 우선인 시기이므로, 가격이 약간 비싸더라도 빠르게 제품을 공급받을 수 있는 업체로부터 단기간에 장비를 대량으로 갖추고 빨리 서비스에 투입할 수 있도록 해야 한다.

# 25 자산 관리

IT 인프라 구축에는 다양한 자산이 이용된다. 자산 관리를 고려할 때, 서버나 네트워크 장비 등의 하드웨어는 물론이고 운영체제나 애플리케이션 같은 소프트웨어 및 LAN 케이블과 전원 케이블 등 비품류에 대해서도 어느 정도 엄격하게 관리할 것인지 정해 둘 필요가 있다.

## 자산 관리 대상

모든 것을 자산 관리의 대상으로 두면 관리가 어려워지므로, 대상을 한정하는 것이 일반적이다. 무엇을 자산 관리 대상으로 할지는 각 기업 정책에 따라 자유롭게 정한다. 예를 들어 서버와 네트워크 장비처럼 어느 정도의 크기가 되는 대상을 관리하고, LAN 케이블이나 전원 케이블 등은 엄격하게 재고를 관리하지 않는 비품으로 취급한다.

혹은 회계적 의미에서의 자산, 즉 감가상각 대상인지 아닌지로 구분할 수도 있다. 이때, 같은 서버라도 10만 엔 이상의 금액을 주고 산 서버는 자산 관리 대상이고, 10만 엔 미만으로 산 서버는 비품으로 다룬다.

## 자산 관리 방법

어느 정도 규모까지는 엑셀 등 스프레드시트 소프트웨어가 많이 사용되지만, 일정 규모를 넘어갔을 때 자산 관리 시스템을 도입하지 않으면 업무가 원활하게 돌아가지 않는다. 내 경험에 비춰 보면, 자산이 수백 대 정도면 엑셀로도 문제없이 관리할 수 있지만, 자산이 수천 대 규모를 넘어서면서 갑자기 엑셀로 관리하기 어려워진다.

회사에 따라서는 감가상각 등을 자동화하고 결산기에 결산 서류를 자동으로 만들어 주는 회계 소프트웨어로 자산을 관리하기도 한다.

## 재고

웹 계통 업종에서는 개발을 마친 뒤 곧바로 서비스에 투입하는 일이 흔하기에, 금방 서비스에 투입할 수 있도록 서버와 네트워크 장비의 재고를 넉넉하게 보관하는 일이 많다. 일반 업종에서는 재고가 '악'이라는 듯이 재고를 극한까지 줄여가지만, 그와 달리 웹 계통 업종에서는 시간 손실이 '악'이라는 듯 상식 밖의 속도가 요구될 때도 있어, 시간을 산다는 의미에서 IT 기기의 재고를 어느 정도 확보해 두는 일이 자주 있다.

## 감가상각

투자한 IT 인프라의 비용을 정확히 파악하는 것은 사업 측면에서 중요한 일이다. 특히 중요한 것은 회계의 관점에서 감가상각이라는 개념이다. 인프라 비용은 일반적으로 몇 년에 걸쳐 상각된다. 상각 기간은 세법이나 국제회계기준IFRS과 같은 회계 규칙에 의해 정해진다. 인프라 엔지니어가 이런 회계 규칙을 잘 이해해 두면, IT 기기 조달을 사업적인 관점에서 바라볼 수 있게 된다.

## 재고 조사

장부나 대장에 있는 자산이 실제로 있는지 확인하는 작업을 '재고 조사'라고 부른다. 정기적으로 재고를 조사하면 다음과 같은 장점을 기대할 수 있다.

- 실제 자산과 장부상의 재고가 일치한다.
- 사용하지 않는 자산이 명확해진다.
- 분실 자산이 명확해진다.

## 폐기 처리

기기가 고장이나 노후되어 재활용이 어렵다면 폐기한다. 폐기하는 방법으로는 IT 기기 전문 폐기업자나 일반 산업 폐기물 처리업자를 이용할 수 있고 또는 중고로 매각하는 방법도 있다.

단, IT 기기를 폐기할 때는 기밀 정보 유출에 주의해야 한다. 예를 들어 하드디스크에 중요한 데이터가 포함되었을 경우는 하드디스크를 물리적으로 파괴하는 등 3자가 데이터를 추출할 수 없게끔 처리한 다음 폐기할 필요가 있다.

# 구장

## 데이터 센터

데이터 센터는 IT 인프라를 구축하고 운영하는 데 최적의 환경을 제공한다.

데이터 센터 각 사의 홈페이지를 보면 다양한 선전 문구로 가득하지만, 정작 데이터 센터 선정에 필요한 자세한 정보는 없을 때가 많다. 그래서인지 '데이터 센터를 어떻게 선정하면 좋을지 모르겠다'는 소리를 자주 듣는다.

다만, 홈페이지에 아무리 자세한 정보가 있어도 실제로 데이터 센터를 이용해 본 적이 없는 사람은 그 정보를 보더라도 선뜻 이해하기가 쉽지 않으리라고 생각된다. 또한 데이터 센터를 선정할 때 서비스 내용이나 가격 정보 같은 일반적인 정보 못지않게 '사용 편의성'이라는 요소가 중요해진다.

예를 들어 홈페이지에 '보안 수준이 세계 제일'이라는 데이터 센터 선전 문구가 있다고 하자. 어떻게 느껴지는가? '데이터 관리는 안심이겠구나'하고 생각할 수도 있겠다. 하지만, 뒤집어 말하면 작업이나 장애 대응을 위해 빈번하게 입퇴실이 필요한 때도 간단히 입퇴실할 수 없기 때문에 사용 편의성 측면에서는 아주 불편할 것이라고 이해할 수 있다.

그래서 이 장에서는 데이터 센터를 선정할 때, 사전에 알아두면 좋은 정보를 데이터 센터 이용 경험자의 관점에서 정리했다.

# 26 데이터 센터를 사용한다

데이터 센터는 전기, 온도, 네트워크, 보안, 재해 대책 등이 충분히 고려된 IT 인프라 구축에 최적의 환경을 제공한다. 회사 사무실이 있는 일반 건물에서는 법정 정전이 있으므로, 매년 최소 1회 서버를 멈춰야 하지만 데이터 센터에서는 24시간, 365일 계속 가동할 수 있다. 따라서 중단 없는 서버 운영이라는 관점에서는 서버 룸이 아니라 데이터 센터에 서버를 두는 것이 편리하다.

▼ **그림 7-1** 데이터 센터

## 데이터 센터의 냉각 시스템

데이터 센터에는 장비를 식히기 위해 강력한 냉각 시스템이 완비되어 있는데, 시대과 함께 냉각 방식도 진화하고 있다.

### 이중 마루 냉각 방식

강력한 냉각 공기를 불어넣어 방 전체를 냉각하는 방식이다. 이 방식은 구조가 단순하지만 서버와 네트워크 장비에서 계속 열이 배출되는 상태로 방 전체를 냉각하므로 에너지 효율이 낮다는 단점이 있다.

▼ **그림 7–2** 데이터 센터의 냉각 방식: 이중 마루 냉각 방식

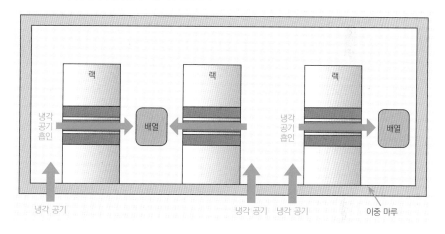

### 열 복도/냉 복도 냉각 방식(배열 흡인 방식)

이 냉각 방식은 냉각 공기로 채워진 냉 복도 공간인 콜드 아일Cold Aisle과 배출된 열기로 채워진 열 복도 공간인 핫 아일Hot Aisle을 물리적으로 명확히 구분하는 방식이다. 콜드 아일은 냉각 공기를 불어넣어 냉각하고 핫 아일은 배출된 열기를 빨아당긴다. 이중 마루 냉각 방식과 비교하면 에너지 효율이 높아진다.

▼ **그림 7-3** 데이터 센터의 냉각 방식: 열 복도/냉 복도 냉각 방식

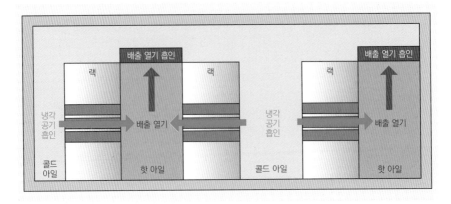

## 외기 냉각 방식

외부 공기를 이용해서 최대한 전력에 의지하지 않고 냉각을 실현하는 방식이다. 단, 외부의 공기 온도는 수시로 변하기 때문에 냉각 시스템도 함께 사용해야 한다. 외기에는 먼지 등이 많이 포함되므로 먼지를 필터로 어떻게 걸러낼 수 있는지가 중요하다.

▼ **그림 7-4** 데이터 센터의 냉각 방식: 외기 냉각 방식

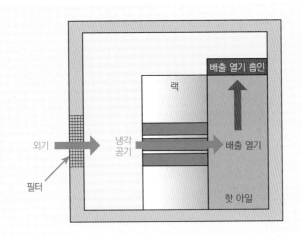

## 데이터 센터 선정

세상에는 다양한 데이터 센터가 있고 저마다 특징이 있다. 많은 데이터 센터 중에서 계약할 데이터 센터를 골라내는 일은 쉽지 않다.

데이터 센터를 선정할 때 자주 사용되는 접근 방식에는 다음과 같은 것이 있다.

- 지인의 소개
- 서버 업체 등, 아는 업체로부터 소개
- 홈페이지 등에서 주목할 만한 데이터 센터를 찾아 문의한다

## 데이터 센터 선정 포인트

한 번 데이터 센터를 선정해서 서버를 설치하면 다른 데이터 센터로 이전하기가 쉽지 않으므로 데이터 센터는 신중하게 결정해야만 한다. 그러나 어느 데이터 센터도 그 홈페이지의 정보만으로는 결정하기에 충분하지 않다. 데이터 센터의 소재지, 가격, 계약 조건, 옵션 등 홈페이지에 명시한 사업자는 전혀 없는 것과 같다.

데이터 센터를 처음 선정할 때, 어떤 데이터 센터를 찾는지 자신도 잘 모르는 상황이 많다. 그래서 여기서는 데이터 센터를 선정하기 위한 몇 가지 포인트를 적어본다.

### 데이터 센터의 입지

회사 사무실 가까이에 데이터 센터가 있으면 매우 편리하다. 도심, 오피스 밀집 지역, 교통이 편리해서 접근성이 뛰어난 곳은 편의성이 좋다. 하지만, 편의성이 높은 곳은 일반적으로 땅 값이 비싸기 때문에 가격의 상당한 부분에 영향을 미친다. 따라서 이런 위치에 회사 사무실이 있을 때는 대체로 데이터 센터 이용료가 비싸다.

## 서버 설치 대수

데이터 센터의 계약 형태에는 일반적으로 유닛 단위 계약(1랙, 2랙, 1/4랙 등), 혹은 룸 단위 계약이 있다. 서버 설치 공간을 나중에 늘리기가 곤란하므로 계약할 때 앞으로의 확장성도 고려해서 결정할 필요가 있다.

## 랙은 반입인가? 대여인가?

랙 마운트형 서버의 경우는 랙과 랙 마운트 키트는 호환성이 있다. 비치된 랙과 마운트 키트가 맞지 않아 장착할 수 없을 때는 선반을 사용해야 하기 때문에 유닛 스페이스를 선반 크기만큼 쓸데 없이 낭비하게 된다.

## 이용 가능한 전원

일본의 전압은 100V가 일반적이지만 블레이드 서버, 엔터프라이즈 서버/스토리지, 하이엔드 스위치 등의 대형 기기는 200V 전원이 필요할 때가 있다.

## 무거운 하중에 대한 대응

하이엔드 기기가 되면 수 톤 규모의 무게가 되기도 한다. 서버 룸의 내하중을 확인하는 것은 물론 반입이 가능한지 사전에 데이터 센터에 잘 확인해 둘 필요가 있다.

## 방재 수준

화재, 지진, 수해 등 다양한 재해에 대한 대책이 있어야 한다. 소방, 내진·면진 Seismic Isolation, 방수 대책이 있는지는 물론이고, 그런 재해가 잘 일어나지 않는 입지에 있는지 잘 확인해 두면 좋을 것이다.

## UPS(무정전 장치)와 발전기 성능

정전이 일어났을 때, UPS와 발전기를 이용해서 어느 정도나 스스로 전력을 공급할 수 있는가? 데이터 센터에는 발전용 연료가 항상 일정량 보관되어 있지만 발전에 사용되면 당연히 줄어든다. 중단 없이 연료가 보급되는 한 계속해서 전력을 생산할 수 있겠지만 연료 공급이 끊기는 위험성도 염두에 둘 필요가 있다. 데이터 센터에 따라서는 자연재해가 발생했을 때 우선해서 전력과 연료 공급을 받을 수 있도록 전력 회사와 연료 공급 회사와 계약된 곳도 있다.

## 폐기물 처리

장비를 대량으로 들여올 때는 당연히 쓰레기가 많이 발생한다. 그런 쓰레기를 데이터 센터에서 회수해주는지, 그렇지 않으면 직접 처리해야 하는지, 혹은 매번 폐기물 업자를 불러 쓰레기를 회수할 필요가 있는지 확인하자. 일상적인 운영을 고려하면 뜻밖에 중요한 요소다.

## 반입 공간과 주차장 유무

반입 공간과 주차장이 좁으면 기기를 반입하기가 곤란하다. 특히 하이엔드 장비를 다룰 때는 넓은 주차장이 없으면 반입할 수 없을 가능성도 생기게 된다.

## 리모트 핸드 서비스 유무

장애가 발생했을 때 전화를 걸어 전원을 끄고 켜주는 서비스가 필요한가도 확인할 필요가 있다.

## 사용자 룸 유무

장비 운영을 위해 오퍼레이터가 데이터 센터에 상주할 사용자 룸을 빌릴 수 있는가? 단, 사용자 룸을 빌려주는 서비스가 있어도 때에 따라서는 모든 사용자 룸이 가득 차 빌릴 수 없을 때도 자주 있다.

## 케이지 유무

넓은 서버 룸 전체를 빌릴 정도는 아니지만 서버 룸 한 쪽 귀퉁이를 빌릴 때, 케이지라는 철제 우리로 서버 룸 한 구석을 에워싸기도 한다. 이것을 '케이지 코로케이션'이라고 부른다.

▼ 그림 7-5 케이지 예(크리스댁ChrisDag)(http://www.flicker.com/photos/chrisdag/865711871/)

## 네트워크 회선의 커넥티비티

네트워크 통신량이 많지 않으면 데이터 센터가 몇 개의 ISP와 계약하고 그 회선을 공용 회선으로서 빌릴 수 있다. 하지만, 어느 정도 네트워크 통신량이 증가하면 직접 ISP와 전용 회선 계약을 하는 편이 비용이나 품질 관리 측면에서 장점이 생긴다. 그렇지만, 데이터 센터에 따라서는 물리적 제약, 혹은 사업상의 이유로 끌어올 수 있는 ISP 회선에 제한이 있을 때가 있다.

## 비정기적 요구에 강하다

사이트가 커지면 다양한 요청이 생긴다. 그런 비정기적인 요청의 상담에 응해주는 친절한 데이터 센터라면 편리할 것이다.

### 물품 대여의 유연성

공구, 의자, 책상, 키보드, 온도계, LAN 케이블, 시리얼 케이블 등 현장 작업에서는 여러 가지가 물품이 필요하다. 데이터 센터에서 이런 것을 유연하게 빌릴 수 있으면 아주 편리하다.

### 매점과 숙박 시설 유무

밤 늦게 유지 보수를 하거나 장시간 작업을 해야 하는 상황은 자주 있다. 어느 정도 생활할 수 있는 환경이 갖추어져 있으면 좋다.

### 비용

최종적으로는 비용으로 결정하게 된다. 초기 비용과 월 비용은 데이터 센터마다 천차만별이지만, 보통은 이용 규모에 따라서 가격 협상이 가능하다.

## 27 랙에 장비를 설치한다

처음 랙을 사용하면 랙에 어떻게 장비를 설치해야 할지 모를 수 있다. 특별히 이렇게 해야만 한다는 규칙이 있는 것은 아니지만 실제 운영에서 자주 사용되는 패턴이 있으므로 소개해 둔다.

### 네트워크 장비 설치

네트워크 장비는 랙의 맨 위나 중간에 설치하는 게 편리하다.

네트워크 장비를 맨 위에 설치할 때는 랙을 넘어서는 스위치 간 배선이 쉽고, LAN 케이블을 늘어뜨려 둘 수 있다는 장점이 있다.

네트워크 장비를 중간에 설치하면, 네트워크 장비와 서버 간 LAN 케이블의 길이가 짧게 사용된다는 장점이 있다.

▼ **그림 7-6** 네트워크 장비 설치

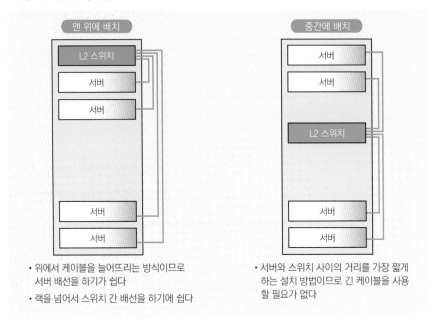

공기 흐름

서버는 일반적으로 앞쪽에서 냉기를 빨아들이고 뒤쪽으로 열기를 배출한다. 따라서 랙을 여러 개 이용할 때는 서버에서 나간 열기가 다른 서버로 들어가지 않도록 배치해야만 한다.

▼ **그림 7-7** 공기 흐름

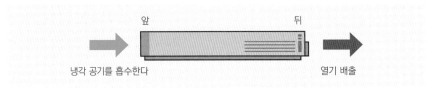

▼ 그림 7-8 좋은 배치의 예 : 배출된 열기가 모인다

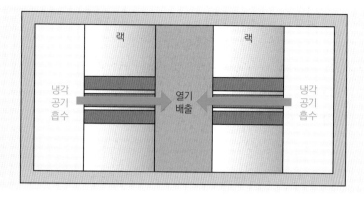

▼ 그림 7-9 나쁜 배치의 예 : 배출된 열기가 다른 서버로 들어간다

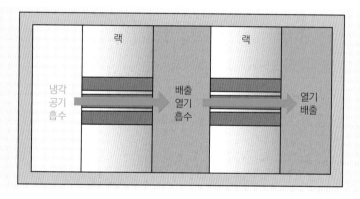

## 전력 용량 문제

일반적으로 한 랙당 사용할 수 있는 전력 용량에는 제한이 있다. 예를 들어 한 랙당 제한이 3kva라고 하자. 3000va ≒ 3000W(와트)라고 생각했을 때, W(와트) = V(볼 트)×A(암페어)이므로, 100V인 서버라면 30A까지 사용할 수 있게 된다.

이 사실을 전제로, 가령 서버당 전력 사용량이 웹 서버 100W, 데이터베이스 서버 200W일 때, 웹 서버는 한 랙에 30대를 설치할 수 있고, 데이터베이스 서버는 15대 를 설치할 수 있다. 이렇게 서버를 랙에 설치할 때는 물리적인 설치 가능 대수뿐만 아니라 전력 사용량도 엄밀하게 계산해야만 한다.

단, 비교적 새로 생긴 데이터 센터 중에서는 한 랙당 6kva나 9kva 정도를 사용할 수 있는 데이터 센터가 등장하고 있다.

# 28 자체 서버 룸을 사용한다

이번에는 데이터 센터를 사용하지 않고 사내에 서버 룸을 마련해서 서버를 설치하는 예를 생각해 본다. 언뜻 보면, 사무실 한 쪽 구석에 서버를 두기만 하면 되니, 데이터 센터를 이용할 때와 비교하면 크게 비용을 줄일 수 있어 보인다. 하지만, 사내에 서버 룸을 만드는 데는 여러 가지 과제가 있다.

## 자사에 서버 룸을 만들기 위한 포인트

자사에 서버 룸을 만들 때의 포인트는 다음과 같다.

### 면적

면적이 설치할 수 있는 장비 수를 결정하므로, 서버 룸 설계 시 미래 수요도 예측해서 필요한 공간을 계산한다. 사내 서버 룸에 들어갈 가능성이 있는 것으로는 다음과 같은 것이 있다.

- 서버
- 네트워크 장비
- 냉각 장치
- 소화 장치
- UPS(무정전 장치)
- KVM 스위치
- 서랍

- 패치 패널
- PBX(전화 교환기)
- 각종 비품

## 전력 용량

건물에 따라서 최대 전력 용량이 정해져 있으므로 필요한 전력 용량을 건물 자체가 지원하는지 확인할 필요가 있다. 예를 들어 랙 하나가 3kva(100V로 환산하면 30A) 정도의 전력을 사용한다고 가정하고, 10개의 랙을 사용하려면 30kva가 필요하다. 30A라고 하면 일반적으로 한 가정의 계약 전기량이므로, 랙 하나당 한 가정분의 전력이 사용된다는 말이다.

## 냉각

공기 조절기는 바닥 거치형, 마루 송풍형, 천정형 등이 있다. 작은 서버 룸이라면 가정용 에어컨 설치로 끝날 때도 있다.

## 내하중

보통 사무실 공간의 내하중은 그렇게 크지 않다. 예를 들어 20kg짜리 서버를 랙 하나당 20대를 설치하면, 랙 하나당 400kg이나 되는 하중이 걸린다고 계산할 수 있다. 때에 따라서는 내하중을 위해 보강 공사가 필요하다.

## 지진 대책

가구에 대한 지진 대책은 가구가 쓰러지지 않을 정도의 대책만 세워도 상관없지만 서버 랙은 랙이 흔들리면 서버도 흔들리게 된다. 서버에는 하드디스크 등 가동 부품이 있는데 그런 부품이 흔들리면 읽고 쓰기 오류가 발생할 수 있고, 때에 따라서는 고장이 날 수도 있다. 면진 구조로 랙을 설치하면 좋지만 예산이나 물리적 제약으로 어려울 때도 있다.

## 먼지 대책

서버는 정밀 기기이므로 먼지는 큰 적이다. 사람들의 왕래가 잦은 공간에 서버 룸을 설치하지 말고, 정기적인 청소 및 가능한 한 먼지가 들어가지 않도록 하는 연구가 필요하다.

## 법정 점검 대책

사무실은 법정 점검이 의무화되어 있어 매년 반드시 정전이 발생한다. 어떻게든 멈출 수 없는 서버가 있을 때는 사내 서버 룸 이용이 곤란하다고 할 수 있다.

## 보안

정보 보안 관점에서 사내 서버 룸으로의 엄격한 입퇴실 관리가 요구될 때는 그에 대응할 필요가 있다.

## 비품 보관 장소

서버 룸에는 다양한 비품이 비치된다. 예를 들어 다음과 같은 것을 놓아두면 편리할 것이다.

- 각종 운영체제 설치 미디어
- 공구
- LAN 케이블
- USB 메모리
- 예비 메모리
- 예비 하드디스크
- 전등

# 솔루션과 보안

솔루션과 보안은 IT 인프라 운영에서 매우 중요하다. IT 인프라를 적절히 관리하려면 IT 인프라의 상태를 다양한 각도에서 확인할 수 있게 해야 한다. 이 때문에 감시 솔루션, 자산 관리 도구, 배포 시스템 등 다양한 솔루션이 도입된다.

또한 그와 동시에 기업의 정보 자산을 지키는 보안에 관해서도 적절한 관리가 요구된다. 보안 관리 방법에는 솔루션 도입 수준부터 보안 담당자와 서버 담당자의 연계, 외부 보안 기업 활용, 데이터의 해시화와 암호화 등과 같은 주제가 있다.

솔루션과 보안을 검토할 때 '우리가 과연 무엇을 지켜야 하는가'라는 시점이 중요하다. 이런 시점이 없으면 마치 솔루션 도입이나 보안 대책 자체가 목적이 되고, 무엇을 위해 그 일을 하는지 모호해진다. 그리고 실제로 그런 상태가 어느 기업에서든 자주 보이고 있으니 주의해야 한다.

# 29 솔루션

IT 인프라 운영에 이용되는 여러 장비를 효율적으로 관리하기 위해서 다양한 솔루션을 활용한다.

## 감시 솔루션

장비의 가동 상황 전반을 감시하기 위해서 감시 솔루션을 이용한다. 감시 솔루션을 구분하면, 크게 SNMP를 이용하는 형태와 각 서버에 에이전트 프로그램을 설치해서 그 자료를 수집하는 형태가 있다. 감시 솔루션에는 오픈 소스와 상용 소프트웨어가 있다. 여기서는 일본에서 자주 사용되는 몇 가지 솔루션을 소개한다.

### 나기오스

나기오스Nagios는 2002년 에탄 갈스타드Ethan Galstad를 중심으로 개발되었다. 역사가 오래되고 국내에 많은 사용자가 있다.

나기오스는 다른 감시 솔루션과 비교해서 다음과 같은 특징이 있다.

- 웹 설정 화면이 없고, 설정을 텍스트 파일로 저장한다.
- 장애가 발생했는지 이력을 데이터베이스가 아니라 텍스트 파일로 저장한다.
- 감시 설정은 플러그인으로 추가할 수 있다. 플러그인은 직접 만들 수도 있고, 전용 커뮤니티에도 많이 공개되어 있다.

▼ 그림 8-1 나기오스

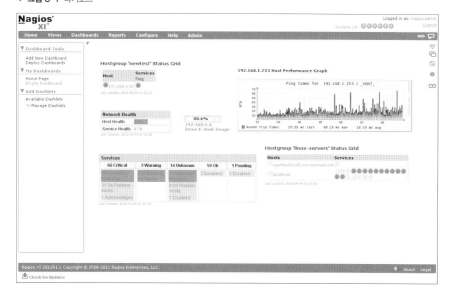

## 자빅스

자빅스Zabbix는 라트비아 공화국의 자빅스 SIA사가 개발하는 성능 감시 솔루션이다. 2001년에 자빅스가 처음 공개되었고, 2005년에 전문적인 기술 지원 서비스를 제공하고자 자빅스 SIA사가 설립되었다. 일본에도 자빅스 제팬Zabbix Japan이 있고 상용 지원을 하고 있다.

자빅스에는 상용 제품을 포함해 다른 감시 시스템에는 없는 고급 감시, 경고, 가시화 기능을 가지고 있다. 다음에서 자빅스의 기능 일부를 소개한다(인용: http://www.zabbix.com/jp/product.php).

- 서버 및 네트워크 디바이스의 오토 디스커버리
- 로우 레벨 디스커버리
- 중앙 웹 관리 인터페이스로부터의 분산 감시
- 폴링Polling과 트래핑trapping 지원
- 서버 운영체제로는 리눅스, 솔라리스, HP-UX, AIX, FreeBSD, OpenBSD, OS X 지원

- 고성능 전용 에이전트(클라이언트 소프트웨어는 리눅스, 솔라리스, HP-UX, AIX, FreeBSD, OpenBSD, OS X, Tru64/OSF1, 윈도 NT 4.0, 윈도 2000, 윈도 2003, 윈도 XP, 윈도 비스타 지원)

- 에이전트 없는 감시

- 암호화로 보호된 사용자 인증

- 유연한 사용자 퍼미션 관리

- 웹 인터페이스

- 사전 정의된 이벤트를 메일 기반의 유연한 경고 기능으로 통지

- 감시 대상 리소스의 고급(비즈니스용) 표시 기능

- 감사 로그

▼ 그림 8-2  자빅스

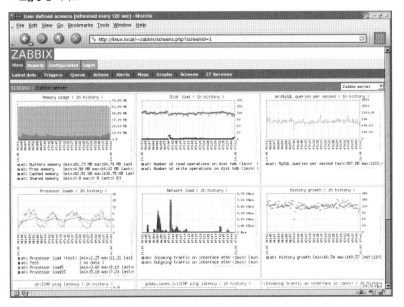

## 캑타이

선인장을 뜻하는 캑타이Cacti는 2001년 이안 베리Ian Berry가 공개하고 현재는 The Cacti Group, Inc가 관리하는 감시 솔루션이다. 캑타이는 MTRG라고 불리는 감시 솔루션의 대체 도구로 유명하다. MTRG처럼 SNMP 에이전트가 가져온 값을 그래프화할 수 있지만, MTRG와 달리 캑타이에서는 호스트나 인터페이스를 웹에서 추가할 수 있다. 캑타이를 사용하려면 다음과 같은 오픈 소스가 필요하다.

- Cacti
- RRDTool
- NET-SNMP
- Apache
- PHP
- MySQL

▼ 그림 8-3 캑타이

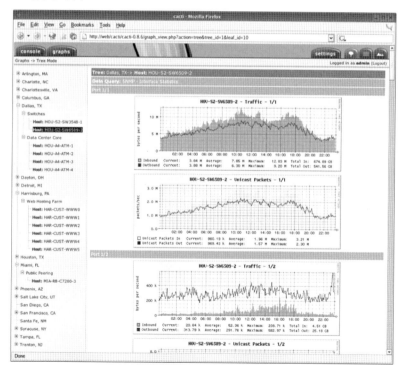

## 자산 관리 도구

많은 장비를 효율적으로 관리하려면 자산 관리 도구를 활용하는 것이 편리하다. 자산 관리는 어느 정도 규모까지는 엑셀 등의 스프레드시트 소프트웨어로도 할 수 있지만, 관리 대상이 늘어날수록 자산 관리의 시스템화가 필요해진다.

자산 관리 도구에는 상용 소프트웨어가 많이 있지만 대부분 사내 PC의 효율적 관리를 목적으로 하기에 IT 인프라 자산 관리에는 맞지 않는 제품이 많다. 이런 이유에서 자사의 조건에 맞는 자산 관리 도구 자체를 자체적으로 개발하는 회사도 많고, 수천 대 이하라면 불편함을 감수하고 엑셀이나 액세스를 통해 자산을 관리하는 회사도 있는 것 같다.

## 배포 시스템

여러 서버에 동시에 같은 소스 코드와 설정 파일 등을 배포할 때, 한 대씩 수작업으로 배포하는 것은 시간이 너무 걸리고 작업 실수도 발생하기 쉬워진다. 이런 때는 배포 시스템을 이용한다.

배포 자체는 리눅스에서는 rsync 명령으로, 윈도에서는 robocopy 명령 등을 사용하면 구현할 수 있다. 하지만, 배포 이력 관리를 위해 배포 시스템을 만들거나 배포 기능에 특화된 오픈 소스를 이용하기도 한다.

## 보안

서버 단위로 이루어지는 보안 대책으로는 백신 등의 소프트웨어를 서버에 설치하는 방법이 있다. IT 인프라 전체에서 하는 대책으로는 LAN 내에 방화벽이나 IDS Intrusion Detection System(침입 감시 시스템)를 설치하는 방법이 있다.

## 퍼실리티 관리 시스템

데이터 센터의 물리적 환경을 감시하는 시스템이다. 서버 랙의 온도와 각 랙의 전기 사용량, 다양한 센서를 실시간으로 감시하고 관리할 수 있다.

## 스토리지 관리 시스템

스토리지를 집중적으로 관리할 수 있는 시스템이다. 각 스토리지의 가동 상황이나 사용 상황을 감시할 수 있음은 물론이고, 가상 스토리지를 동적으로 생성하고 용량을 확장/축소, 삭제할 수 있다.

# 30 | 보안

보안 대책은 전체적인 관점에서의 보안 대책과 실시간으로 보안 인시던트를 감지하는 체제를 만드는 양면에서 접근할 필요가 있다. 특히 규모가 큰 인프라 환경에서는 서버 한 대씩 바지런하게 보안 대책을 시행하는 운영 방식에는 한계가 있다. 따라서 별도의 보안 담당자를 두고 포괄적으로 보안 대책을 수립해 가는 보안 강화 체제 만들기부터 구축해야 한다. 전체적인 관점에서는 인프라 전체의 보안 수준을 항상 파악하여 취약성을 발견하는 즉시 대책을 세우고, 실시간으로 컴퓨터 바이러스, 부정 침입, 외부로부터의 공격을 감지할 필요가 있다.

## 무엇을 지키기 위한 보안인가?

기업의 보안 대책은 그 자체로 직접적인 이익을 낳는 것이 아니므로 투자 대비 효과를 계산하기 어렵다. 보안 대책이란 어떤 의미에서 보험과 같은 것이다. 해 두면 어느 정도 안심이 되지만 완벽한 상태는 절대로 만들 수 없다는 성질이 있다.

보안 대책 검토에서 가장 중요한 것은 기업이 무엇을 지키고자 하는지 명확히 해 두는 것이다. 지키고 싶은 것이 명확할수록 대책이 분명해지고 투자해야 할 비용을 계산하기 쉬워진다.

예를 들어 일반적인 IT 인프라에서 지켜야 할 정보를 다음과 같이 예로 들어본다.

- 고객 데이터 전반
- 매출 정보
- 이메일 정보
- 각종 문서류
- 각종 소스 코드
- 종업원 명부

## 보안 담당자와 서버 담당자의 연계

서버에는 보안 구멍이 될 수 있는 요소가 많이 있다. 운영체제, 미들웨어, 개발 언어의 보안 홀과 설정 실수, 애플리케이션 버그, 부적절한 권한 설정 등 여러 갈래에 걸쳐 있다.

일반적으로 서버 보안 대책에서는 성가신 점이 몇 가지 있다. 예를 들어 서버 구축 시 보안 홀이나 권한 설정 실수를 완전히 제거했어도 운영을 시작하고 나면 새로운 보안 패치가 속속 등장하므로 계속 보안 패치를 적용할 필요가 있다. 또한 일상 운영 과정에서 애플리케이션 변경이나 권한 설정 변경 작업이 계속 발생하는 사후 유지 관리가 필요해지는 일도 있다.

보안 담당자는 정기적으로 보안 진단을 해서 적시에 부적절한 보안 설정을 개선하고, 실시간으로 부정 침입과 공격을 감시하다가 뭔가 이상이 있으면 즉시 네트워크 연결을 차단한 다음 서버 담당자에게 전달해 대책을 의뢰하는 일을 계속해서 해 나가게 된다.

## 외부 보안 업체 활용

부정 침입 수법은 나날이 진화하고 있다. 보안 담당자가 최신 부정 침입 수법을 모두 파악하긴 어려우므로 외부 보안 업체를 활용한다. 구체적으로는 정기적으로 보안 진단을 받고, 보안 기업이 설치한 부정 침입 시스템을 사용해서 실시간 감시 등을 위탁하면 효과적이다.

## 데이터 해시화 암호화

암호 유출 사건이 일어났을 때 '왜 암호를 평문으로 보관했는가'라고 지적받는 것을 봐도 알 수 있듯이 이제 사용자의 비밀번호 정보는 해시화해서 보관하는 것이 일반적이 되었다. 해시화란 문자나 수치를 일정한 규칙으로 변환하는 것을 가리킨다.

또한 데이터 암호화는 원시적인 방법으로는 애플리케이션 수준에서 암호화하여 구현할 수 있다. 최근에는 RDBMS에 암호화 메커니즘이 있거나, 하드디스크나 스토리지에서 데이터를 암호화하는 솔루션도 등장했다.

# 인프라 운영

인프라 운영에는 장애 감시와 대응, 수용량 최적화, 장애 예방 등의 주제가 있다. IT 인프라는 정지하지 않고 계속 가동해야 하므로 24시간, 365일 감시와 장애에 대응할 수 있는 환경이 필요하다.

# 31 | 장애 대응

하드웨어는 언젠가 반드시 고장이 난다는 생각 때문에 가능한 서비스를 멈추지 않도록 하는 방향으로 진화했다. 예를 들어 서비스를 가동한 채로 이중화된 부품 중 고장난 부품을 교환할 수 있는 '핫스왑' 기술이나 이상을 감지하면 자동으로 보정하는 'ECC 기능'은 하드웨어의 가용성을 높여주는 기술의 한 예다. 그밖에도 하이엔드 서버에서는 업체가 실시간으로 감시하고 있다가 경고를 감지하면 자동으로 업체의 유지 보수팀이 달려가 수리해주는 서비스도 제공된다.

또한 소프트웨어는 사람이 만드는 것이므로 아무래도 버그가 섞여 있기 마련이다. 실제 환경에 적용하기 전에 충분히 테스트하긴 하지만, 아무래도 테스트를 하지 못한 조작이나 혹은 악의적인 접근으로 시스템에 이상이 발생할 수도 있다. 인프라 엔지니어 입장에서는 명확히 시스템이 멈추는 등 눈에 보이는 시스템 장애는 알 수 있지만, 버그에 의한 사소한 오류는 알 수 없을 때가 많다. 결국 일반 사용자로부터의 문의나 개발자 자신이 장치한 감시 시스템에 의해 오류를 발견하는 예가 대부분이다.

인프라 엔지니어에게 감시 솔루션은 장애 감지를 위해 특히 중요한 도구다. 장애를 빠르고 확실하게 감지하기 위해서는 감시 솔루션 없이는 불가능하다. 감시 솔루션을 신중하게 선택하고 모든 보유 기기에서 일어날 수 있는 온갖 장애 패턴을 모두 확실히 감지할 수 있도록 엄격하게 설정하자.

# 32 병목을 해결한다

일반적으로 IT 시스템에서는 병목이 한 군데만 있어도 시스템 전체의 응답(응답 속도)에 악영향을 미친다. 시스템의 병목을 제거하는 과정에서 중요한 것은 국소적인 문제에 사로잡히지 말고 시스템 전체의 관점에서 병목을 검토하는 것이다.

부분적으로 문제를 해결했다고 해도, 다른 곳에 병목이 일어나는 부분이 있으면 시스템 전체의 응답은 개선되지 않는다. 예를 들어 웹 서버 부족 문제와 데이터베이스 서버의 메모리 부족 문제가 동시에 일어났을 때, 아무리 데이터베이스 서버의 메모리를 증설하더라도 웹 서버 부족이 해결되지 않는 한 시스템 전체의 응답 속도는 개선되지 않는다.

특히 접속이 급증하는 IT 시스템일 때는 병목 대책을 계획적으로 세울 필요가 있다. 접속 수가 급증하는 IT 시스템에서 아무런 대응을 하지 않으면, 거의 모든 하드웨어 자원이 동시에 고갈되는 상황이 일어난다. 일단 그런 상황이 되면 땜질식 대응은 거의 불가능하고, 오랫동안 시스템을 멈추고 전체적으로 시스템을 확장한 다음 서비스를 재개해야 한다. 그렇게 되지 않기 위해서도 앞으로 접속 수가 급증할 것 같다고 판단되면 단계적으로 실행할 시스템 확장 계획을 세우면서, 그 뒤에서 계속 병목 해소 작업을 병행할 필요가 있다.

시스템에서 병목이 일어나기 쉬운 부분은 여러 갈래에 걸친다. 흔히 병목이 발생하는 부분은 다음과 같다.

- 코어 스위치의 수용량
- L2 스위치의 수용량
- 웹 서버의 메모리 부족
- 데이터베이스 서버의 CPU와 메모리 부족
- 데이터베이스 서버의 디스크 I/O

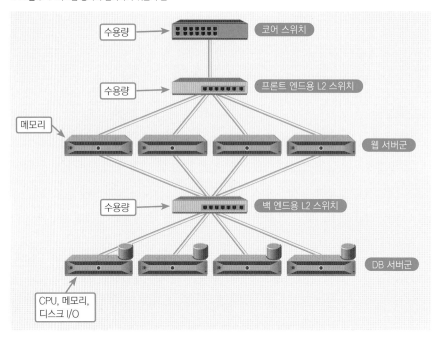

## 네트워크 장비의 병목을 해결한다

자주 일어날 수 있는 네트워크 장비의 병목 조사 방법과 해결 방법을 설명한다.

### 각 포트의 물리 인터페이스의 속도가 트래픽을 감당하는가?

▶ 조사 방법

1Gbps 인터페이스라면 실제 IN/OUT 트래픽이 각각 1Gbps 미만인가?

▶ 대책

서버를 분산해서 트래픽을 분산하거나 인터페이스를 더 빠른 것으로 바꾼다
(1Gbps → 10Gbps 등).

### 네트워크 장비의 전송 능력에 한계는 없는가?

▶ 조사 방법

패킷 드롭이 발생하지 않는가? 전송 능력 부족을 보이는 로그가 남아 있는가?

▶ 대책

가능하면 네트워크 장비를 상위 기종으로 교체하거나 캐시 메모리 추가 등을 시행한다.

## 서버 장비의 병목을 해결한다

다음으로 자주 일어날 수 있는 서버 장비 병목의 조사 방법과 해결 방법을 설명한다.

### 프론트 엔드 서버의 응답이 저하되었는가?

▶ 조사 방법

각 서버의 응답 시간을 정기적으로 가져와 극단적인 저하가 일어났는지 살펴본다. 혹은 사용자로부터 응답 속도에 관한 질문이 들어 왔는지 살펴본다.

▶ 대책

우선, 프론트 엔드 서버 문제인지 아니면 데이터베이스 등의 백 엔드 서버 문제인지 파악한다.

백 엔드 서버에서 CPU, 메모리, 네트워크, 디스크 I/O의 실시간 이용 상황을 보고, 어느 하드웨어 자원이 과도하게 사용되면 백 엔드 서버 문제로 의심한다. 그렇지 않으면 프론트 엔드 서버 문제를 의심해, 마찬가지로 CPU, 메모리, 네트워크, 디스크 I/O의 실시간 이용 상황을 보고 어느 하드웨어가 과도하게 사용되면 프론트 엔드 서버로 의심한다.

하드웨어 리소스를 많이 사용하는 서버를 파악하면 다음은 원인을 분석한다. 하드웨어 리소스가 정말 부족한 것인지, 애플리케이션의 문제인지, 그렇지 않으면 하드웨어 고장인지 판단한다. 하드웨어 리소스가 부족한 때는 다음 수단을 이용해서 증설한다.

- **CPU**: CPU의 소켓 수(물리 개수), 혹은 코어 수를 늘린다. CPU 수를 늘릴 수 없을 때는 속도가 빠른 CPU로 교체하거나 서버 자체를 상위 기종으로 교체하거나 서버 수를 늘려 부하를 분산한다.
- **메모리**: 메모리 설치 용량을 늘린다.
- **네트워크**: 복수의 네트워크 인터페이스를 묶어 네트워크 대역을 늘려준다. 단, 네트워크 인터페이스를 한계까지 사용하는 서버는 네트워크뿐만 아니라 다른 하드웨어 리소스도 어느 정도 사용하고 있을 것이다. 그런 때는 서버 수를 늘려서 부하를 분산하는 편이 좋을 수도 있다.
- **디스크 I/O**: 더 빠른 스토리지를 도입하거나 하드디스크를 SSD와 엔터프라이즈 플래시 메모리 같은 고속 디스크로 교체하는 방법이 있다. 그렇게 해도 디스크 I/O 부하가 높을 때는 하드웨어적인 대응이 곤란해지므로 여러 대의 서버로 부하가 분산되게 프로그램을 수정하는 등 근본적인 대처가 필요해진다.

〈Column〉 **디스크 I/O 값이 클 때 의심해야 할 것**

디스크 I/O 값이 크다고 디스크가 병목이라고 단정하기 전에, 일단 하드웨어 고장 가능성도 의심해보자. 흔히 있는 사례로는 하드디스크에 불량 섹터가 있어서 그 부분을 회피하고자 평소보다 디스크 성능이 떨어지는 예가 있다. 또한 하드디스크가 고장이 나서 핫스페어 디스크가 활성화되면서 RAID 재구성을 위해 일시적으로 디스크 I/O 부하가 올라갈 수도 있고, 혹은 RAID 컨트롤러의 고장으로 평상시와 다른 처리가 실행되고 있을 수도 있다.

# 33 | MSP

MSP~Managed Service Provider~란 IT 인프라의 운영 관리를 대행해주는 업자를 말한다. IT 인프라를 보유했지만 24시간, 365일 대응하는 체제를 사내에서 만들기 어렵다거나, 애초에 인프라를 운영할 수 있는 사람을 확보하지 않았을 때는 MSP와 계약하면 안심할 수 있다.

## MSP 업자 선택 방법

MSP 업자를 고르는 요령은 다음과 같다.

### 기업의 신뢰성

중요한 서버 운영을 위탁할 때, 신뢰할 수 없는 기업을 선택하는 것은 사업적으로 위험하다. 단순히 가격만 보는 것이 아니라 MSP 업자의 컴플라이언스~Compliance~ 측면은 물론이고 재무 상황 등도 충분히 확인하자.

### 커뮤니케이션 능력

인프라 운영 관리를 자사에서 할 수 없을 때, MSP 업자에게 인프라 운영의 모든 것을 위임하게 된다. 하지만, MSP 업자의 엔지니어와의 커뮤니케이션이 원활하지 않으면 자사의 인프라를 정말 적절하게 관리해 주는지 불안해진다. 계약 전에 실제로 담당할 MSP 업자의 기술 담당자와 한 번 이야기해보자.

### 유연성

요구 사항을 전달하고 유연하게 제안해 주는지 확인하자.

### 기술력

IT 기술을 전문으로 다루는 업자이므로 기술력이 부족한 업자 선정은 위험하다.

## 비용 대비 효과

인프라 운영 관리 대행 업자는 싸다고 좋은 게 아니다. 비교 견적을 받아 각 업자의 견적에서 가격차가 어디에서 나는지 확인해보자. 극단적인 예지만 자사에서 제대로 기술자를 양성하는 업자와 해외 엔지니어에게 통째로 재하도급하는 업자는 그만큼 가격차가 있는 게 당연하다.

## MSP 업자 이용 비용

MSP 업자에게 견적을 받아보면 어쩌면 상상보다 높은 금액이 나올지도 모른다. 일반적으로 인프라 구축 비용에 대해서는 이해를 얻기 쉽지만, 인프라 운영 비용에 대해서는 상상조차 하지 않을 때가 많아서 실제로 견적을 받아보면 생각보다 비싸다고 여길 때가 많다.

그래서 IT 인프라를 24시간, 365일 내내 관리할 인재를 스스로 확보하는 상황을 생각해보자. 우선, 1주일은 24시간×7일이므로 168시간이 된다. 이 시간 동안에 항상 사람이 붙어 있고 주 40시간 근무라고 가정하면 다섯 명이 필요하다. 이 인원을 고용할 때 연간 1인당 500만 엔이 든다면 총 2,500만 엔이 필요하게 된다. 이 비용과 MSP 업자의 견적을 비교해야 비로소 싸게 느껴질지도 모른다.

운용은 때에 따라서는 인프라 구축보다도 비용이 더 든다고 인식해야 한다. 운용할 때 필요한 인건비에는 시간에 비례하는 인건비 외에 교육 비용, 복리후생 비용, 유급 휴가 등 다양한 비용이 들어간다. 사원을 고용해서 이런 비용을 직접 부담할 것인지, 그렇지 않으면 MSP 업자에게 외주 비용으로 주고 말지는 IT 인프라 운영에서 중요한 의사 결정이 된다.

---

〈Column〉 **MSP 업자가 상장 기업이면 안심일까**

업자가 상장 기업이라고 안심할 수 있을까? 상장 기업은 재무 기반이 단단하다는 의미에서는 안심할 수 있다. 하지만, 주식을 자유롭게 거래할 수 있으므로 업자가 자사의 라이벌 관계에 있는 기업에 매수될 가능성도 있다. 서버 운영 관리는 다른 곳으로 이행하기 어려우니 주의하자.

# 34 | 펌웨어

하드웨어를 제어하는 펌웨어에 대해 생각해보자. 펌웨어는 하드웨어를 제어하는 프로그램을 말하며, 부품의 품질과 같을 정도로 펌웨어의 품질이 하드웨어의 성능이나 안정성을 크게 좌우한다. 펌웨어는 다양한 하드웨어와 부품에서 사용된다.

- 서버 본체(BIOS)
- RAID 보드/HBA 보드
- 하드디스크/SSD
- 네트워크 기기 본체
- 스토리지 본체

## 펌웨어의 버전과 수준

하드웨어를 구매하면 제조 시점에서 가장 새로운 펌웨어 버전이 적용된 제품이 납품된다. 그 후, 하드웨어를 사용하다 보면 점차 새로운 펌웨어가 발표된다. 최신 펌웨어가 발표되면 보통 '권장(Recommanded), 필요(Required), 필수(Critical)'라고 하는 펌웨어 수준도 병기된다. 인프라 엔지니어는 이 펌웨어 수준을 참고하면서 적당한 때에 최신 펌웨어로 버전을 업그레이드할 것인지 판단하게 된다.

## 펌웨어의 버전 업그레이드 여부를 판단한다

항상 최신 펌웨어를 적용해야 안심이라고 생각하는 인프라 엔지니어가 있는가 하면, 매일 안정적으로 동작하는 하드웨어라면 그렇게 중요한 버그 수정이 포함되지 않는 한 가능하면 펌웨어 버전을 업그레이드하지 않아야 한다고 생각하는 인프라 엔지니어도 있다.

항상 최신 펌웨어를 적용하는 것이 안심이라고 생각하는 인프라 엔지니어는 최신 펌웨어에는 이미 알려진 버그 수정이 모두 적용되어 있으니 최신 펌웨어를 적용하는 것이 안전하다고 생각한다. 그 반면 그다지 펌웨어 버전의 업그레이드를 선호하지 않는 인프라 엔지니어는 최신 펌웨어에는 새로운 버그가 들어 있을 가능성이 있으니 오히려 위험하다고 생각한다. 양 쪽 주장 모두 일리가 있으므로 어느 쪽의 생각을 지지하는지 각자 생각해보면 좋을 것이다.

아무리 생각해도 판단이 안 선다면, '필수(Critical)' 수준의 펌웨어는 반드시 적용하고 '필요(Required)' 수준의 펌웨어는 업데이트 내용을 잘 보고 적절히 판단하는 운영 방식이 현실적인 것 같다.

## 펌웨어의 버전 업그레이드 방법

펌웨어 버전의 업그레이드 방법은 하드웨어에 따라 다르지만 대략 다음 세 가지 방법이 있다.

1 가동 중인 운영체제에서 업데이트 파일을 실행해서 적용하는 방법(재부팅 불필요)

2 가동 중인 운영체제에서 업데이트 파일을 실행해서 적용하는 방법(재부팅 필요)

3 시스템 정지 후, USB 메모리나 DVD-ROM 등을 사용해 적용하는 방법

운영 중인 시스템에 펌웨어를 적용하는 작업은 쉽지 않다. 1처럼 시스템을 멈추지 않고 펌웨어 버전을 업그레이드할 수 있는 방법이라면 적용하기 쉽지만, 보통은 2, 3처럼 펌웨어의 버전을 업그레이드할 때 시스템 재부팅을 동반한다. 따라서 펌웨어 버전을 업그레이드할 때는 정기 점검 등의 시간을 사용해서 효율적으로 시행할 필요가 있다.

# 최신 펌웨어 정보를 수집한다

최신 펌웨어 정보는 일반적으로 각 업체 홈페이지에 올라와 있다. 단, 업체와 제품에 따라서는 유지 관리 계약을 맺지 않으면 정보조차 구할 수 없을 때도 있다. 때에 따라서는 '필수(Critical)' 수준의 펌웨어가 발표되면 해당 제품 고객 전체에게 알려주는 업체도 있으므로 일단 업체에 확인해보자.

〈 Column 〉 **대규모 사이트는 실제 운영 중에 펌웨어 버그를 발견할 때가 많다**

물론 하드웨어 업체는 최신 펌웨어를 철저하게 시험해서 제품에 내장하지만 그래도 펌웨어의 버그가 드러나고 만다.

특히 대규모 사이트에서는 하드웨어 업체의 테스트 환경과는 차원이 다른 액세스 양을 처리하게 되므로, 업체의 테스트 환경에서 드러나지 않던 오류가 종종 발견된다. 대규모 사이트에서 뭔가 장애가 발생하면 하드웨어 업체가 원인을 분석하고 펌웨어 버그로 판명이 나는 현상이 자주 일어난다.

이런 현상이 되풀이되는 것을 보면서 든 생각은, 하드웨어 수용량 한계에 가까이 가면 갈수록 펌웨어 버그가 드러나는 경우가 많다는 것이다. 예를 들어 1Gbps 인터페이스 여러 포트를 가진 네트워크 장비로 실제 운영 환경에서 각 포트에 1Gbps 가까운 트래픽이 흘렀을 때 패킷 유실이 증가하고, 부하 분산이 되지 않거나 특정 포트가 갑자기 죽기도 한다. 또한 이중화되어 있는 하드웨어에 고장이 발생했을 때, 설계대로라면 곧바로 자동 대기 시스템으로 전환되어야 하지만, 몇 분 동안이나 전환되지 않는 일도 일어난다.

이처럼 대규모 사이트는 타사에 사례가 없는 규모로 운영되는 탓에 타사보다 앞서 희생양으로 실전에서 테스트하는 상태라고도 할 수 있다. 물론, 어떤 대규모 사이트든지 본격적으로 서비스에 투입하기 전에 공들여서 테스트하고 실제 환경에 투입하겠지만, 테스트 단계에서 실제 환경 수준의 액세스 수나 액세스 패턴을 재현하는 것은 전혀 불가능하다. 따라서 어떤 의미에서 운에 맡기고 무사하길 기도하면서 실제 서비스에 투입할 수밖에 없는 상황이 꼭 있다.

# 35 하드웨어의 사후 지원

하드웨어를 구매할 때 지원 기간은 중요한 선정 포인트다. IT 인프라는 여러 가지 하드웨어로 구성되며, 기계이므로 당연히 고장이 난다. 고장이 났을 때 바로 수리를 받으려면 고장난 기기가 보증 기한에 들어 있는지가 중요해진다. 일반적으로 보증 기한 중에 하드웨어가 고장나면 바로 원인을 파악해 무상으로 수리해준다.

보증 기한은 하드웨어 구매 시 몇 년분의 지원 기한이 포함되는 예가 많다. 지원 기한이 지나도 대부분 5년째까지는 지원 연장에 응해주지만, 5년이 지나면서는 지원 연장을 거절하는 업체가 많은 듯하다. 아마도 통계적으로 5년을 넘어서면 하드웨어의 고장률이 크게 올라가기 때문으로 추측한다.

지원 기한 종료가 가까워질수록 새로운 서버로 교체할지, 다른 서버로 통합할지 선택을 재촉받게 된다. 이용 빈도가 높지 않은 서버나 시스템이라면 차라리 이 기회에 시스템 폐지를 선택하기도 한다.

기기와 업체에 따라서는 상위 수준의 지원 서비스가 따로 준비된 경우도 있다. 예를 들어 시스템에 어떤 원인으로 오류가 발생했을 때 하드웨어 고장은 물론이고, 운영체제 수준이나 애플리케이션 수준까지 파고들어 조사해 오류를 해결해준다.

# 10장

## 대규모 인프라

대규모 인프라를 관리하려면 시뮬레이션에 바탕을 둔 면밀한 사전 준비와 관리 체제를 구축해야 한다. 대규모 인프라 관리에서 오해하면 안 되는 것은 대규모 인프라 관리를 중소 규모 인프라 관리의 연장선에서 파악하는 것이다.

대규모 인프라는 인적 자원, 데이터 센터 공간, 서버, 네트워크 장비, 네트워크 대역 등 온갖 자원이 동시에 부족해지는 가운데서 우선 순위를 매겨가며 잇달아 대책을 세워야 하는 세계다. 중간 규모 이하의 인프라는 임기응변식의 대응으로도 충분히 시간 내에 대응할 수 있을 때가 많다. 하지만, 대규모 사이트에서는 면밀하게 계획을 세운 다음 효율을 추구해가지 않으면, 계속 증가하는 기기 관리와 장애 건수에 밀려 운영이 파탄난다.

대규모 인프라라는 것은 단순히 서버가 늘어나는 것뿐만 아니라, 운영 방법 자체가 완전히 달라진다. 말하자면 기기를 한 대씩 관리하는 방법보다는 전체를 통합해 바라보면서 체계를 세우고 관리하는 운영 방법을 사용한다.

# 36 | 대규모 인프라 관리

대규모 인프라를 관리하는 인프라 엔지니어는 자산 관리, 서버의 물리적 설치, 운영 체제 설치, 감시, 장애 처리 등 다양한 업무를 제한된 인원으로 꾸려가기 위해서 관리 체제의 계통을 세워 조직하는 것이 업무의 중요한 주제가 된다. 기술적인 대응도 중요하지만 그 이상으로 각종 기획이나 구매 상담, 오퍼레이터에 대한 작업 지시 등이 일의 중심이 된다.

인프라 엔지니어의 묘미는 전례가 없는 규모의 인프라를 여러 업체와 함께 모색하면서 개척해 가는 데 있다. 인프라의 규모가 커질수록 구매하는 양도 크게 달라지므로, 공급 업체 측에서도 적극적으로 제안하고 함께 검토해준다.

## 시스템 구성의 결정 포인트

시스템 구성을 결정하는 포인트는 크게 다음과 같이 나눌 수 있다.

### 업체 지원의 필요성

업체의 지원이 필요 없으면 관리 비용이 불필요한 것을 이용하고, 업체의 지원이 필요하면 유지 보수 서비스가 있는 것을 이용해서 구성한다. 예를 들어 웹 서버는 CentOS 등의 오픈 소스로 구축하고, 데이터베이스 서버는 윈도나 레드햇 엔터프라이즈 리눅스 + 오라클로 구축하는 구성을 흔히 볼 수 있다.

### 사용 언어

자바, 펄, PHP, 닷넷, 루비Ruby 등 사용 언어에 따라 시스템 구성이 달라진다. 예를 들어 닷넷을 채용할 때는 자동으로 윈도 서버를 사용한다.

### 엑세스 양

대규모라면 예상되는 부하를 산정해서 하드웨어 자원을 충분히 확보하고 적절히 부하를 분산해줘야 한다.

## 가용성

어느 정도 서비스를 멈춰선 안 되는지를 나타내는 말로서 '가용성'이라는 말이 있다. 가용성을 높이기 위해서 스케일 아웃 구성에서는 저렴한 서버를 여러 대 준비해서 중복 구성redundant configuration한다. 반면 스케일 업 구성에서는 비싸도 잘 고장이 안 나는 엔터프라이즈 서버 등을 이용한다.

## 외부 업자 이용

대규모 인프라 운영에서 적은 사원 수로 업무를 꾸려려면, 외부 업자를 적극적으로 잘 이용할 필요가 있다.

외부 업자를 활용할 수 있는 장면은, 예를 들어 다음과 같다.

- 납품 기기의 포장을 뜯고 랙에 마운트
- 배선
- 기기 셋업
- 장애 대응 지원(운영체제와 미들웨어 등의 프리미엄 지원 계약)
- 서버 룸 청소
- 인프라 운영 시스템 개발
- 하드웨어 고장 시 자동 대응

---

〈Column〉 **윈도와 리눅스**

SI 기업에서 압도적인 지지를 받는 윈도와 웹 기업에서 압도적인 지지를 받는 리눅스. 그 차이는 무엇일까?

예를 들어 윈도는 상용 운영체제로서 지원이 충실한 점과 닷넷 프레임워크 기반으로 업무 애플리케이션을 만들기 쉬워 단기간에 고기능 시스템을 구축할 수 있다.

그 반면에 리눅스는 오픈 소스이므로 유상 지원이 필요하지 않다면 무료로 사용할 수 있다. 무료 운영체제로는 FreeBSD 등도 있지만, 보급률에서 리눅스가 지지를 받고 있다고 생각한다.

# 37 CDN

대규모 사이트에서는 이미지나 실행 파일 같은 정적 콘텐츠 배포에 CDNContents Delivery Network을 사용한다.

CDN은 서비스 제공 회사의 서버를 대신해 CDN 업체가 제공하는 캐시 서버에 접속해서 사용자가 정적 콘텐츠를 받아가는 구조의 콘텐츠 전송망이다. 사용자는 자신의 단말에서 가장 가까운 캐시 서버에 접속해서 빠르게 콘텐츠를 가져올 수 있는 장점이 있다. 또한 자사로서는 아무리 접속이 증가해도 원서버 대수와 네트워크 대역을 늘리지 않아도 되는 장점이 있다.

▼ **그림 10-1** CDN의 구조(1)

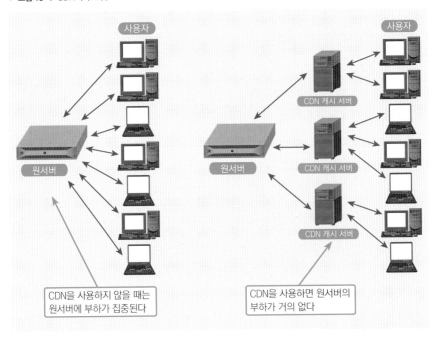

▼ **그림 10-2** CDN의 구조(2)

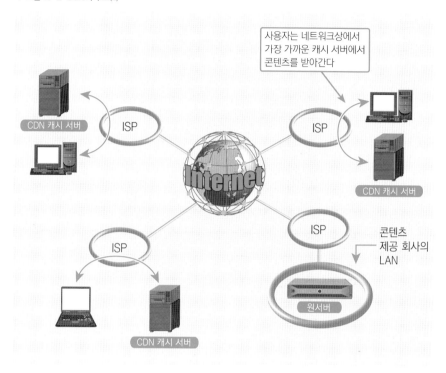

사용자는 네트워크상에서 가장 가까운 캐시 서버에서 콘텐츠를 받아간다

CDN 캐시 서버

ISP

ISP

CDN 캐시 서버

ISP

콘텐츠 제공 회사의 LAN

ISP

원서버

CDN 캐시 서버

CDN을 제공하는 대표적인 업체는 다음과 같다.

- Akamai Technologies

- Amazon Web Service CloudFront

- Limelight Networks

- CDNetworks

- EdgeCast Networks

- CDN77

## CDN 사업자 선택법

CDN 사업자를 선택하는 경우, 다음과 같은 것을 검토해보면 좋다.

### 품질

서비스 중단은 없는지, 응답 속도가 충분한지 확인하면 좋다. 특히 응답 속도는 CDN 서비스를 실제로 채용한 웹사이트를 소개받으면 그 CDN 사업자의 서비스 품질을 실제로 검증할 수 있게 된다.

### 서비스는 국내 한정인가? 아니면 세계를 대상으로 하는가?

서비스가 국내만 대상으로 할 때는 어느 업자를 선택해도 큰 문제는 없다. 하지만, 세계를 대상으로 할 때는 CDN 사업자에 따라서 중국만 예외로 하는 등 다양한 옵션이 붙기도 한다.

### 비용

CDN을 사용할 때 예상되는 통신량과 CDN을 사용하지 않을 때의 인프라 투자·운영 비용을 비교해본다. CDN 사업자는 대부분 통신량이 늘면 늘수록 단가가 싸진다. 대량의 액세스를 처리하기 위해 서버와 네트워크 환경을 자체적으로 준비할 수도 있지만, CDN을 이용하면 자사에서의 인프라 투자를 최소한으로 줄일 수 있다.

# 38 | DSR 구성을 이용한 부하 분산

DSRDirect Server Return 구성은 L4 스위치(로드 밸런서)에서 이용되는 부하 분산 기법의 하나다.

일반 웹 사이트에서 부하 분산을 할 때 DSR 구성은 거의 채용되지 않지만, 네트워크 트래픽이 대량으로 발생하는 대규모 웹 사이트 등에서는 DSR 구성을 이용하는 것은 상식으로 되어 있다.

## 일반적인 구성과 DSR 구성의 차이

일반적인 구성에서는 스위치와 서버 사이에 L4 스위치를 두는 구성을 한다. 반면에 DSR 구성에서는 상위 스위치 등에 직접 L4 스위치를 연결한다.

▼ **그림 10-3** 일반적인 구성과 DSR 구성의 차이

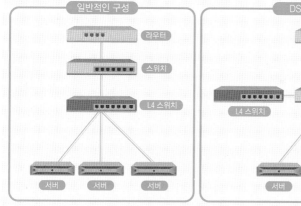
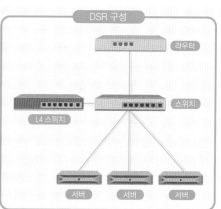

패킷의 흐름을 살펴보자. 일반적인 구성에서는 들어오는 패킷도 L4 스위치 통해서 서버에 도달하고, 돌아가는 패킷도 L4 스위치를 통해서 나간다.

그렇지만 DSR 구성에서는 들어오는 패킷은 L4 스위치를 통과하지만 돌아가는 패킷은 L4 스위치를 거치지 않고 서버에서 직접 되돌아간다.

▼ 그림 10-4 되돌아가는 패킷의 흐름

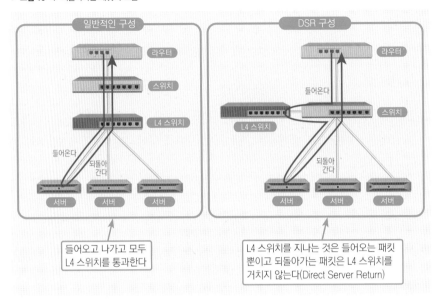

## DSR 구성의 장점

DSR 구성의 장점은 세 가지다.

### 요청에 대한 L4 스위치의 수용력 증가

일반적으로 웹 서버에서는 인바운드와 아웃바운드 트래픽 사이에 큰 차이가 있다. 보통 웹 서버는 요청된 트래픽의 몇 배에서 몇십 배나 되는 트래픽을 응답으로 반환한다.

일반적인 구성일 때는 L4 스위치가 들어오고 나가는 트래픽을 모두 처리한다. 예를 들어 인바운드가 20Mbps이고 아웃바운드가 120Mbps라고 하자. L4 스위치가 100Mbps의 FastEther 포트를 가지고 있을 때, 인바운드 쪽은 아직 80Mbps나 여유가 있지만, 아웃바운드 쪽은 20Mbps 부족하므로 인터페이스를 100Mbps에서 1Gbps로 업그레이드해야만 한다.

반면에 DSR 구성에서는 인바운드 양과 아웃바운드 양이 거의 같아진다. 아웃바운드의 트래픽을 큰 폭으로 절약할 수 있기 때문에 요청에 대한 L4 스위치의 수용량이 많이 늘어난다.

▼ **그림 10-5** 인바운드와 아웃바운드의 트래픽양

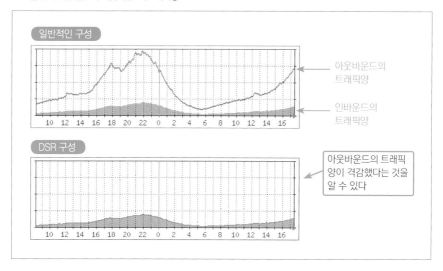

## 네트워크 구성이 비교적 자유로워진다

일반적인 구성에서는 스위치와 서버 사이에 L4 스위치를 넣어야 한다는 제약이 있었다. 이 제약은 서버 구성을 변경할 때나 L4 스위치가 고장날 때마다 네트워크 구성까지 변경해야만 한다는 것을 의미한다.

그 반면, DSR 구성에서는 기본적으로 어느 스위치에 L4 스위치를 연결해도 부하 분산이 가능해지므로, 네트워크 토폴러지가 단순해지고 고장났을 때의 처리가 쉬워진다.

▼ **그림 10-6** DSR 구성의 토폴러지

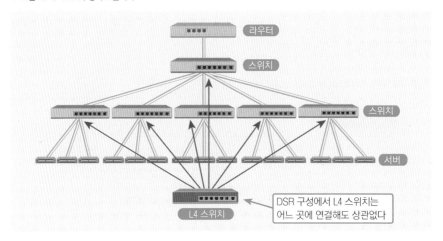

▼ **그림 10-6** DSR 구성의 토폴러지

## 한 포트만 사용한다

일반적인 구성에서는 L4 스위치에 많은 스위치나 서버가 연결되기에 포트가 많이 필요해진다. 하지만, 포트가 많은 L4 스위치는 매우 고가이므로 일반적으로 L4 스위치 아래에 L2 스위치를 연결하고 거기에 서버를 달아서 구성한다. 반면, DSR 구성에서는 상위 스위치에 포트 하나만 사용하면 되므로 매우 경제적이다.

## DSR 구성이 일반적이지 않은 이유

일반적인 구성에서는 L4 스위치의 설정만 변경하면 부하 분산 설정이 끝난다. 반면 DSR 구성에서는 L4 스위치에 DSR 설정을 하고, 추가로 부하 분산을 하는 모든 서버에 루프백이라고 불리는 가상 네트워크 인터페이스 설정을 해야 한다. 루프백에는 VIP~Virtual IP~라고 불리는 부하 분산용 IP 주소를 기술한다.

이처럼 DSR 구성은 일반적인 구성과 비교하면 설정 항목이 늘어났고, 또한 일반적인 구성이 아니라서 DSR 구성 설정에 익숙하지 않은 사람이 많다. 바로 이런 점들이 DSR 구성이 일반적으로 사용되지 않는 이유가 된다.

# 39 | 리소스 부족 대책

대규모 인프라에서는 다양한 리소스 부족이 발생한다.

## 인적 리소스 부족

여기서는 인프라 전체를 관리하는 코어 멤버와 실제 작업을 수행하는 오퍼레이터로 나누어 생각한다. 회사에 따라서는 코어 멤버가 오퍼레이터를 겸할 때도 있다.

일반적으로 코어 멤버를 채용하기는 몹시 어렵다. 애초에 대규모 인프라 경험자 자체가 그다지 많지 않은데다가 그런 인재는 이직 시장에 거의 돌아다니지 않기 때문이다. 따라서 코어 멤버의 중도 채용에는 상당한 기간이 걸릴 것을 각오해야 한다. 어쩌면 코어 멤버가 될 수 있는 신입사원을 채용해서 몇 년간 키우는 쪽이 빠를지도 모른다.

반면, 오퍼레이터 채용은 이직 시장에 후보가 될만한 좋은 인재가 많이 있다. 서버와 네트워크 기초를 전체적으로 배운 사람이라면 실무 경험이 없어도 비교적 단기간에 키울 수 있다.

## 데이터 센터 스페이스 부족

대규모 인프라에서는 랙 단위나 스페이스 단위, 혹은 룸 단위로 계약한다. 성장세가 두드러진 웹사이트는 엄청난 기세로 랙 스페이스를 잠식해 들어가고 결국 데이터 센터 자체의 수용 가능량을 넘는 일이 자주 있다. 이런 때는 다른 데이터 센터를 추가로 계약해야 하지만, 애초에 시스템 자체를 여러 데이터 센터로 분리할 수 없을 때도 있다. 그러면 모든 서버를 새로운 데이터 센터로 이전하는 것도 검토할 필요가 있다.

새로운 데이터 센터의 계약에는 보통 몇 개월이 걸린다. 게다가 새로운 공간에 분전반, 랙, 공조 시스템 등을 새로 설치하는 경우에는 반 년정도 걸릴 때도 있다. 무사히 새로운 데이터 센터를 확보할 수 있다고 해도 그 후로 서버 이전, 오퍼레이터 재배치, 시스템 분리 등에 상당한 부하가 걸린다.

## 장비 부족

단기간에 장비를 증강해야 할 때, 마침 재고가 있으면 다행이지만 재고가 없다면 새로 사야만 한다. 대규모 사이트에서는 대량 발주를 하는 일이 많으므로 업체 측과 생산 조절이 필요하다. IT 장비는 해외에서 들어오는 경우가 많은데 국제 정세에 의해 납품이 지연될 때도 있다.

## 네트워크 대역 부족

업링크가 1Gbps를 넘어가면 코어 라우터(혹은 코어 L3 스위치)의 업링크도 당연히 1Gbps보다 늘려야만 한다. 10Gbps로 교체하거나 1Gbps를 묶어 2Gbps로 만드는 등의 방법이 필요하다. 자사의 라우터나 상위 회선 업체의 라우터가 트런킹<sub>trunking</sub>이나 10Gbps를 지원하지 않는다면 그것이 수용량의 한계가 되기 때문에 상위 회선을 바꿔야 한다. 불가능하다면 데이터 센터 자체를 변경할 필요가 있다.

## 자금 부족

성장기조에 있는 IT 벤처 기업은 자금 부족에 빠지기 쉬워 생각처럼 필요한 IT 인프라에 투자할 수 없을 때가 있다. 이것은 엄밀하게는 인프라 엔지니어의 과제가 아니라 기업 경영의 과제라고 할 수 있다. 그러나 여기서는 자금 부족으로 원하는 대로 필요한 IT 인프라 투자를 할 수 없을 때의 대처 방법을 생각해보자.

- **중고 장비를 활용한다**: 중고 시장에서 좋은 품질의 장비를 싼 값에 구할 수도 있다.
- **튜닝을 한다**: 하드웨어, 소프트웨어 모두 튜닝할 여지가 있다면 튜닝해서 IT 인프라의 연명 조치를 시행한다.
- **평소 안면 있는 기업에 도움을 청한다**: 상대방이 자금에 여유가 있는 상황이라면, 필요한 장비나 인재를 지원해줄 때도 있다.
- **증자를 요청한다**: 경영진에게 증자를 요청한다. 장래성 있는 사업이라면 증자에 응해줄 사람과 기업이 나타나는 법이다.

# 40 급성장한 LINE의 서버 증강

LINE은 1년 반만에 1억 유저, 2년 남짓에 2억 유저를 돌파한 국내 유수의 거대 서비스가 되었다. 평소 어떻게 단기간에 이 정도로 많은 액세스를 처리할 수 있는 인프라 환경을 구축할 수 있었는지 자주 질문을 받곤 하는데, 간단히 내막을 밝혀보겠다.

인터넷 서비스는 인기에 불이 붙으면 트래픽이 갑자기 급증하는 성질이 있다. 정체기, 급성장기, 안정기로 나눠보면 정체기에 느릿느릿 성장하던 것이 갑자기 급성장기로 돌입하며, 트래픽을 해결하기 위한 모든 것이 때가 늦어 서버 증설만으로도 고작인 상황이 일반적으로 일어난다.

▼ **그림 10-7** 정체기, 급성장기, 안정기

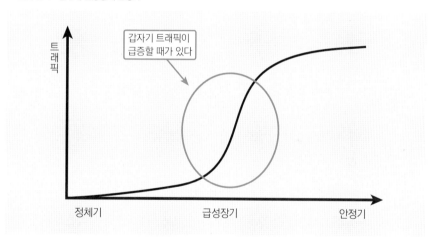

나는 운 좋게도 트래픽이 급증하는 급성장기를 몇 번이나 경험했다. 제일 처음 경험한 것은 10년쯤 전에 한게임이라는 서비스의 인프라 구축을 했을 때로 거슬러 올라간다.

한게임은 윈도 PC용 인터넷 커뮤니티 사이트로, 당시 국내의 초중학생을 중심으로 꽤 인기를 끌었다. 그렇지만 사이트를 열고 수년간은 좀처럼 사용자가 모이지 않았기 때문에 느긋하게 인프라 구축을 하고 있었다.

그 후, 다양한 시책들이 열매를 맺게 되자, 갑자기 엄청난 기세로 액세스가 늘어났다. 하지만, 당시 우리는 이런 상황에 대해 전혀 경험이 없었고 게다가 그땐 매출도 적어 회사로서도 적극적으로 투자할 자금 여유가 없었다. 결과적으로 인프라 증강의 규모나 타이밍을 놓쳐 인프라의 수용력 부족이 비즈니스의 병목이 되고만 괴로운 경험을 했다.

이렇게 급성장기에는 온갖 자원이 부족해지게 된다는 것을 몸소 경험했기에, LINE이라는 서비스에 불이 붙는 경향이 보이자마자 주저 없이 강하게 인프라 증강 계획을 세웠고 한 발 앞서 인프라 증강을 해왔다. 이 결과 서비스의 성장세를 멈추는 일 없이 인프라를 계속 확장할 수 있었다.

예를 들어 미리 준비했던 것은 다음과 같은 것이 있다.

### 역할 분담

우선 역할을 세 가지로 나눴다. 지금을 보는 역할, 1개월 후를 보는 역할, 그리고 3개월 후를 보는 역할이다.

지금을 보는 역할을 맡은 사람은 지금 발생하는 모든 문제를 차례로 처리해 나간다. 서버가 부족하면 추가하고, 장애가 발생하면 해결하고, 개발 부서에서 요청이 오면 상담을 받는 일을 담당했다.

1개월 후를 보는 역할을 맡은 사람은 다음에 일어날 리소스 부족이나 현재는 작지만, 점차 커질 것 같은 장애의 씨앗을 찾아내 없애는 역할을 담당한다. 여기서는 서버뿐만 아니라 네트워크, 데이터 센터의 온도 변화, 사용자에 가까운 각종 ISP의 인터넷 회선 품질에 이르기까지 계속 감시하다가 변화를 민감하게 포착해서 미리 대처한다.

그리고 3개월 후를 보는 역할을 맡은 사람은 이른바 인프라 전략을 담당한다. 인프라 구축에는 아무리 해도 시간이 걸리는 일이 있다. 서버 구매와 데이터 센터 스페이스 증강에는 보통 몇 개월씩 걸린다. 회사로서도 투자액이 많은 부분이기도 하니, 경영진의 결재를 얻기 위해선 자료를 많이 준비할 필요가 있다.

## 장비 구매

사용자 수와 액세스 수가 급증하는 단계에서는 최저가 업체보다 가장 빨리 납품할 수 있는 업체를 골랐다. 어쨌든 빨리 대량으로 장비를 긁어모음으로서 액세스 급증의 기세를 멈추지 않도록 했다.

## 전망을 공유한다

액세스 수 급증 경험이 없는 멤버는 갑자기 분주해진 상황을 이해할 수 없을 수도 있다. 왜 무료 서비스인데 장비를 대량으로 증강할 필요가 있는지, 앞으로 어떤 비즈니스로 펼쳐진 것인지, 지금 상황이 언제까지 계속될지 등을 멤버에게 친절하게 설명했다.

## LINE 인프라의 미래

일본 최초의 글로벌 IT 서비스로 전 세계의 주목을 크게 받은 LINE 서비스지만, 앞으로의 LINE 인프라에 대해서는 앞이 보이지 않는다. 정말 손으로 더듬어서 길을 찾는 상황이라고 하는 것이 솔직한 생각이다.

서버와 스토리지의 수용력 확보는 대수만 늘리면 쉽게 해결할 수 있다. 앞으로의 과제는 아마도 전 세계 규모에서의 레이턴시(지연 시간) 개선이 될 것이다.

이제까지의 레이턴시 대책은 고작 네트워크상에 캐시 서버를 배치하거나 데이터베이스의 디스크 I/O를 개선하는 정도였다. 하지만, 세계적 규모의 레이턴시 대책이란 각국의 인터넷 사정을 고려하고 네트워크 특성을 이해한 대책이 된다. 네트워크 회선이 모뎀처럼 좁은 나라, 정보 규제가 심한 공산권, 물리적 거리가 멀고 회선 사정이 나쁜 나라, 아직 휴대폰용 네트워크가 정비되지 않는 나라 등 지금까지 일본을 대상으로 한 서비스에서 전혀 의식하지 않았던 과제들을 하나씩 해결해 나갈 필요가 있다.

# 11장

## 인프라 엔지니어의 성장

매일 눈앞의 일을 담담하게 해내고 있더라도 뜻대로 성장할 수 있는 건 아니다. 꿈을 실현하기 위해서는 자신이 장래에 어떤 인프라 엔지니어가 되고 싶어 하는지 의식하고 평소에 그에 걸맞게 노력해야 한다. 또한 평생 현역으로 인프라 엔지니어로 일할 것을 믿고 의심하지 않는 사람을 제외하면, 어느 정도 유연한 인생 설계도 필요하다.

이 장에서는 인프라 엔지니어가 갖춰야 할 것, 소규모 인프라와 대규모 인프라의 비교, 그리고 인프라 엔지니어 육성에 관해 다룬다.

# 44 | 인프라 엔지니어가 갖춰야 할 것

여기서는 스스로 성장할 수 있는 인프라 엔지니어를 목표로 하고, 그 목표를 이루는 데 필요한 능력을 적어본다.

## 도큐먼트를 읽는 힘을 기른다

인프라 엔지니어에게 도큐먼트를 읽고 이해하는 힘은 매우 중요한 자질이다. 하드웨어든 소프트웨어든 도큐먼트에 쓰여 있는 그대로 실행하면 제대로 동작하게 되어 있다.

이렇게 쓰면 '도큐먼트 따위는 누구라도 읽을 수 있지 않나?'하고 생각할지 모르겠다. 하지만, 실제로 해 보면 이는 간단한 문제가 아니다. 나날이 바쁜 인프라 엔지니어에게 새로운 하드웨어와 소프트웨어를 도입할 때마다 도큐먼트를 읽어야 하는 것은 큰 부담이 된다. 새로운 분야인 경우는 모르는 용어가 잔뜩 나올 것이고, 게다가 도큐먼트가 외국어로 되어 있기라도 하면, 한 번 살펴보는 것만으로도 꽤 오랜 시간이 걸린다. 또한 IT 제품은 버전의 업그레이드가 빈번해서 매번 구 버전과 신 버전이 어디가 달라졌는지 계속 따라가는 것만으로도 대단한 노력이 필요하다.

최신 버전은 구 버전에 버그가 있어서 만들어지는 일이 많다. 치명적인 버그가 있어서 최신 버전이 공개되었다면 인프라 엔지니어는 최신 버전으로 올리는 것을 검토해야 한다. 하지만, 이런 것도 도큐먼트를 제대로 읽고나서 판단할 수 있다.

## 카탈로그를 읽는 힘을 기른다

인프라 엔지니어는 다양한 하드웨어와 소프트웨어를 조합해서 시스템을 구축한다. 어떤 하드웨어와 소프트웨어를 사용할지 판단하는 것은 인프라 엔지니어의 몫이다. 인프라 엔지니어가 하드웨어와 소프트웨어를 선택할 때 카탈로그를 읽고 참고하는데, 카탈로그에는 전문 용어가 나열되어 있어 처음 봐서는 알 수 없는 내용이 뜻밖에 많다.

카탈로그를 읽는 힘이란 각 전문 용어의 의미를 이해하고, 각각 기기에 어느 정도의 성능이 있는지 파악하며, 자신이 담당하는 서비스에 어느 기종이 가장 적절한지 판단하는 힘을 말한다.

# 42 소규모 인프라와 대규모 인프라

소규모 인프라와 대규모 인프라에서는 경험할 수 있는 상황과 익힐 수 있는 기술이 다르다. 어느 쪽이 더 좋다거나 나쁘다고 할 수는 없으며, 각각 자신이 속한 인프라 조직 안에서 충실한 경험을 쌓을 수 있을 것이다.

## 소규모 인프라

소규모 인프라에서는 IT 인프라의 모든 것을 적은 인원 다룬다. 기획, 설계, 장비 구입, 구축, 운영까지 모두 경험할 수 있는 것이 소규모 조직의 최대 장점이다.

또한 예산이 제한되어 있기에 비용 대비 효과를 추구하다가 눈에 들어오는 모든 기기의 운영체제와 하드웨어를 한계까지 튜닝해 볼 수 있는 점도 소규모 인프라이기에 가능한 일일지도 모른다. 이렇게 소규모 인프라에서는 IT 인프라 전체를 하나부터 열까지 경험할 수 있다.

## 대규모 인프라

대규모 인프라에서는 IT 인프라를 많은 인원이 분담해서 구축하고 관리한다. 각 개인의 업무 범위가 한정된 만큼 특정 분야에 대해 고급 스킬이 필요해진다.

또한 대규모 인프라에서는 외부 업체와 외주업자를 최대한 활용해 적은 인원으로 안정적인 IT 인프라 운영을 추구하게 된다.

소규모 인프라를 운영할 때와 비교하면 예산이 충분하므로 어떤 수단을 쓰던 시스템이 정지하지 않게 해야 한다. 그 대신 예산이 투입된 만큼의 가용성이 요구되기 때문에 예산 면에서 풍족한 경우가 많지만 압박을 받는 것은 사실이다.

대규모 인프라에서는 소규모 인프라에서 다루지 않는 하드웨어나 솔루션을 사용할 수 있다. 또한 영업과 오퍼레이터 등에 대한 지시를 경험해 볼 수 있다.

# 43 인프라 엔지니어를 육성한다

신입사원과 베테랑은 비교가 되지 않을 만큼 업무 능력에 큰 차이가 있다. 이 차이는 도대체 어디에서 오는 것일까? 기술자의 수준은 지식과 경험의 양에 비례한다. 누구라도 한 번 경험한 일은 쉽게 재현할 수 있고, 정확한 지식이 있으면 지식과 경험에서 유추하여 비슷한 사례에 대한 적절한 해결책을 빠르게 끌어낼 수 있다. 다시 말해, 베테랑은 지식과 경험이 풍부하므로 높은 업무 능력을 갖출 수 있다.

신입사원을 어떻게 키워야 하는가는 모든 사람의 공통된 고민이다. 여기서는 신입사원 육성에 관해 생각해본다.

## 기술적 호기심이 높은 사람

기술적 탐구가 호기심으로 연결되는 사람은 그냥 내버려 둬도 기술이 늘어간다. 이런 유형의 사람에게는 새로운 주제를 계속 던져주면 기술력이 쑥 향상한다. 다만, 이런 유형은 자신의 성장과 비교해서 주위의 성장이 더딘 것에 차츰 불만을 가지는 경향을 보인다. 그렇다면 지도자로서 주위 사람의 기술 수준을 자신과 같은 수준으로 끌어 올리는 역할을 담당하게 하거나, 아니면 주위에 신경 쓰지 않고 더욱 기술력 향상을 목표로 삼도록 하는 게 효과적이다.

# 기술적 호기심이 낮은 사람

기술적 호기심이 낮은 사람은 기술을 업무를 위한 수단으로 보기 때문에 어디까지나 업무의 일환으로 기술을 습득하도록 하는 게 효과적이다. 예를 들어 다양한 일을 경험하게 한 다음 나중에 이론 강의나 자격시험처럼 체계적인 지식 학습을 이용해서 지식과 경험을 늘려가는 방법이 있다.

일반론이지만, 사람은 어떤 일을 잘할 수 있게 되면 그 일이 점점 더 좋아진다. 다양한 일을 시켜보고 적성에 맞는 기술 분야를 찾아내어 그 분야를 중심으로 교육하면 동기 부여가 잘 된 엔지니어로 성장할 가능성이 높아진다.

〈Column〉 **신입사원의 윈도 서버 설치**

신입사원이 윈도 서버를 구축한다고 했다. 신입이라도 집에서 PC로 윈도 운영체제 정도는 설치한 경험이 있어, 마찬가지 요령으로 설치까지는 쉽게 할 수 있었다. 하지만, 최근의 윈도 서버는 가정용 윈도와 달리 초기 상태의 보안 수준이 높게 설정되어 있기 때문에 그대로는 인터넷 익스플로러로 웹 사이트조차 볼 수 없다. 신입은 이 문제를 해결하기 위해서 인터넷을 검색하며 몇 시간을 보냈다. 겨우 인터넷 익스플로러를 이용해서 웹사이트를 볼 수 있게 되었다.

다음은 애플리케이션을 설치하기 위해, 다른 서버의 공유 폴더에서 파일을 가져오려고 했지만 잘 연결되지 않았다. 다시 몇 시간 걸려 인터넷 검색으로 방법을 알아냈다. 겨우 설치 파일을 가져왔지만 이것만으로도 하루가 지나버려 다음 날 작업을 다시 하기로 했다.

다음 날. 일단 다른 서버에도 어제와 똑같은 설정을 해 두었다. 하지만, 같은 작업인데도 어제처럼 똑같이 되지 않았다. 몇 시간이 지나도 해결하지 못하고 있다가 선배에게 물어보니, '네트워크 설정이 틀린 거 아닌가?'라고 선배가 한마디 한다. 그래서 확인해 봤더니 확실히 IP 주소의 넷마스크 설정이 잘못되어 있었다.

〈Column〉 **관리자로 전향하기**

평생 엔지니어로 살겠다고 마음을 먹어도 주변 환경이 허락하지 않을 때가 있다. 어느 정도 나이가 들면 기술직뿐만 아니라 관리직도 겸해주기 바라는 상황이 좋든 싫든 찾아온다. 기술자에서 관리자로의 전향, 말하자면 일을 지시받는 쪽에서 지시하는 쪽으로 처지가 180도 바뀐다는 것을 의미한다. 사람이 갑자기 바뀔 수는 없는 일이므로, 서른이 넘어선 즈음부턴 '내가 일을 시키는 입장이 되면 어떻게 행동할지' 항상 의식해 두는 게 좋다. 이런 습관을 붙여두면 갑자기 처지가 바뀌어도 원활하게 적응할 수 있다.